英汉语言对比与翻译研究

郭惠琴　著

北京工业大学出版社

图书在版编目（CIP）数据

英汉语言对比与翻译研究 / 郭惠琴著. — 北京 ：北京工业大学出版社， 2019.11（2021.5 重印）
ISBN 978-7-5639-7063-6

Ⅰ. ①英… Ⅱ. ①郭… Ⅲ. ①对比语言学—英语、汉语②英语—翻译—研究 Ⅳ. ① H31 ② H1

中国版本图书馆 CIP 数据核字（2019）第 236215 号

英汉语言对比与翻译研究

著　　者：郭惠琴
责任编辑：乔爱肖
封面设计：点墨轩阁
出版发行：北京工业大学出版社
（北京市朝阳区平乐园 100 号　邮编：100124）
010-67391722（传真）　bgdcbs@sina.com
经销单位：全国各地新华书店
承印单位：三河市明华印务有限公司
开　　本：710 毫米 ×1000 毫米　1/16
印　　张：11
字　　数：200 千字
版　　次：2019 年 11 月第 1 版
印　　次：2021 年 5 月第 2 次印刷
标准书号：ISBN 978-7-5639-7063-6
定　　价：48.00 元

前 言

翻译就是使用目的语将原文中表达的思想内容准确地表现出来的一种语言活动。语言是思维的承载者，人类的思想来自客观现实，是对客观现实的反映，因此，不同的现实能够被不同的语言表现出来。

英汉语言对比是翻译活动中的重要组成部分，是在两种语言差异的基础上建立起来的。英汉对比翻译需要充分了解两种语言的共同点和不同点，进而探索英汉语言对比翻译的技巧和方法。翻译实践证明，英汉语言的相同之处相对较易掌握，而两者的不同之处往往较难掌握，因此，更应对英汉语言对比与翻译做更为深入的研究。

本书第一章为绪论，主要阐述英汉语言的发展历史、英汉语言对比研究、英汉语言的对比翻译等内容；第二章为英汉语言的词汇对比，主要阐述英汉构词对比、英汉词类对比以及英汉词义对比等内容；第三章为英汉语言的句法对比，主要阐述英汉句子结构对比、英汉句子语序对比以及英汉句式对比等内容；第四章为英汉语言的语篇对比，主要阐述英汉语篇结构对比以及英汉语篇衔接对比等内容；第五章为英汉语言的修辞对比，主要阐述仿拟修辞对比、隐喻修辞对比以及借代修辞对比等内容；第六章为英汉思维方式与英汉文化对比，主要阐述英汉思维方式对比和英汉文化对比等内容；第七章为英汉语言对比翻译技巧，主要阐述英汉词汇对比与翻译技巧、英汉句子对比与翻译技巧、英汉语篇对比与翻译技巧以及英汉修辞对比与翻译技巧等内容；第八章为英汉文化负载词对比与翻译技巧，主要阐述英汉颜色词汇对比与翻译技巧、英汉动物词汇对比与翻译技巧以及英汉成语、谚语对比与翻译技巧等内容。

本书共八章约 20 万字，由湖北中医药大学外国语学院郭惠琴撰写。为使研究内容丰富、多元，笔者在写作过程中对相关理论与研究文献进行了参考，在此向涉及的专家学者们表示衷心的感谢。最后，由于笔者水平尚有不足之处，加之时间仓促，本书难免会存在一些疏漏之处，在此，恳请同行专家和读者朋友批评指正！

目 录

第一章　绪　论

随着科学技术和经济全球化的迅猛发展，跨文化的言语交际显得越发重要。本章主要分为英汉语言的发展历史、英汉语言对比研究、英汉语言的对比翻译三部分。

第一节　英汉语言的发展历史

一、语言概述

语言不仅是文化学和语言文化学等学科重点研究的对象，更是语言学最为关注的焦点。古今中外许多语言学家都对语言的定义进行了自己的阐述，但至今为止，仍然没有得到一个被所有人都接受的结论，著名理论包括：①索绪尔的语言结构论，他认为语言属于一种符号系统；②洪堡特的语言心灵论，他认为语言是人们建构思想的主要工具；③乔姆斯基的语言心理论，他认为语言是人类大脑中一种特有的能力机制。这些理论虽然仍有片面性，但是不能否认其所具有的深远意义，而现代人文科学和自然科学的发展，则为我们深刻揭示语言的本质属性提供了可能。

（一）语言的概念

语言主要是指由词汇和语法构成，并以语音为物质外壳，从而表达人类思想的符号系统。我们可以从狭义和广义两个方面对语言进行了解：①狭义的语言主要是指文字、书面语言和口头语言；②广义的语言主要是指人类用于交际的一切符号，包括口头语言、书面语言、文字、由符号组成的副语言和准语言等。其中副语言根据诉诸感官的不同符号又可以分为触觉符号、视觉符号和听觉符号。

在日常的生活和学习中，人们通常更习惯使用狭义语言的概念。狭义的语言概念不仅是人们与教学、交际、文化等紧密联系的符号体系，更是其用来进行思维和交往的重要工具。

（二）语言的特征

1. 系统性

任何一种语言都是由音素、语素、单词、短语、句子到篇章等构成的。无论从结构要素上说，还是从结构关系上看，语言都是一个结构庞大、体系严密的系统。语言的系统性是指语言是由规则制约的，语言中各种要素之间是根据一定规则排列的。英语中，“sdylh”不是一个词，“green made he”也不是一个句子；而汉语中，“飞快地”也不是句子，也就是说语言表达要遵循语音规则和语法体系。否则人们就不可能有语言交际，年轻人也不可能学会一门语言。语言是由一个数量较多且层次分明的单位组合成的复杂体系，各个层面的单位都按照一定的规则形成某种属性的聚合群，从而组成更大的单位。

2. 任意性

语言是由任意的符号组成的，任意性主要是指语言符号与其所指向的意义之间的任意一种连接关系，即词汇和这些词汇所指的物体、行为或概念之间没有逻辑关系。例如，同样的物体，英语叫“table”，而汉语叫“桌子”，主要是因为大家选择了约定俗成的语言符号。莎士比亚曾经说过：“A rose by any other name would smell as sweet.”（玫瑰易名，清香如故）。这种关系是不可论证的，这也是世界上有各式各样语言的原因之一。这里需要人们注意的是，在英汉语中，拟声词和复合词并不是任意性的关系。

3. 线条性

语言符号具有丰富性和多样性，不同符号的表意形式也存在着较大的差别。例如，语言是通过将组成单位按照线性排列的方式传达意义的，而视觉符号中的标记图案则是以立体图形排列进行表意的。我国古代的书写顺序一般是从上到下、从右到左，现代则是从左到右的书写顺序，无论哪种都充分体现了语言符号必须单向、先后排列的特点，即线条性。

4. 可变性

语言是处在不断运动变化发展之中的体系，因此各个要素之间不仅具有一定的变动性，还具有一定的稳定性。促使语言产生可变性的主要原因是语言内部不断衍生、发展的规律，与其他事物相比，语言系统的变化相对较慢且不是很明显，但是受到语言使用者的推动，以及文化、社会等多方面因素的影响，语言逐渐向更具表现力和包容力的方向发展。例如，美式英语比英式英语普及，除了国力原因外，美式英语对于初学者来说简单易学，也是最主要的原因。

5. 语言是人类独有的

语言是人类区别于其他动物的主要标志之一，只有人类才具备发达的大脑和完善的发音器官这些语言的生理基础。许多动物，如蜜蜂的舞蹈、鸟兽的叫声，也能够发出声音来表达自己的情感，但不能随机变化，只是一些固定的程式。

二、语言发展的原因及特点

（一）语言发展的原因

语言是用来描述人类行为活动、表达思想情感以及表现事物性状特征的工具性符号。它的发展变化必然受到社会生活方方面面的影响和制约。影响语言发展的因素主要包括以下两个方面。

1. 外在因素

语言依存于社会，是社会发展的基本条件，同时社会交际活动的需要也是语言存在和发展的关键。

（1）社会的进步推动语言的发展

在人类社会不断发展的过程中，新事物、新概念不断代替旧事物、旧概念。这反映了事物消亡，语言也会随之消亡，如汉语中敦、鬲、爵等器具名称，随着器物的消亡而淡出了人们的视线。此外，一些新的语汇会迎合社会的新事物或者新现象而产生，例如，汉语中的萝莉源于“Lolita”，是对 16 岁以下的可爱小女孩的称谓；英语中的“staycation”主要含义为宅在家中度过的假期；由 friend 和 enemy 合成的新词“frenemy”主要是指表面和气、背后敌对的关系或人等。汉语中的打假、扫黄、超生、空嫂、扶贫、三角债、希望工程、豆腐渣工程等，都反映了特定历史时期的重大事件或重大社会问题，记录了社会发展变化的阶段性轨迹。社会对语言的需求，极大地推动了语言的发展，使其不断地产生新的词汇以适应社会发展的需要。

（2）社会的分化和统一推动语言的发展

语言通常会随着社会的变化而变化，当一个使用同一语言的社会出现分化时，会减少语言各个部分之间的交际，在一定社会内部会出现旧的语言消失和新的语言产生，时间长了原来统一的语言就会出现差异，并逐渐形成不同的语言。除此之外，随着社会的高速发展，社会内部所形成的社会集团也会产生一定的语言差异，从而形成各具特色的行业语言。

如果处于分化状态的社会走向统一，各种语言的相互影响不断加强，交际的机会增多，则会形成全社会的共同语，并逐渐趋向统一。语言的分化和统一是两种相反的过程和结果，是一个缓慢的过程。

（3）民族间的接触推动语言的发展

随着全球化进程的加快，各个国家、民族之间的交往日益密切，不同的语言相互影响，推动了语言的变化和更新。例如，汉语受到西方语言的影响，大量吸收了西方词汇和语法，从而使汉语产生了一定的改变，汉语中“从句在前，主句在后”的传统主从复句，在西方语言的影响下也有了“主句在前，从句在后”的语法风格。

2. 内在因素

语言结构要素之间的矛盾引起语言的发展。语言的存在和发展往往受到社会发展的制约。但是语言系统内部的各个要素以及每个要素的各个成分（包括语音、语义、词汇、语法），都处于对立统一的关系中，并在这种关系中以一种平衡的状态相互扶持。当这种平衡状态已经形成的规则被外界因素所破坏时，必须对规则进行重新调整以达到新的平衡，才能完全适应新的环境和条件。例如，古代汉语中单音节词所占的比重较大，相互之间保持了有效的区别和平衡。后来，由于同音词的大量增加，使单音节的形式逐渐被双音节词的构词模式所替代，造成了语言系统内部平衡的破坏，从而影响人们的社会交际。例如，古代官和吏是两个词，现在分别称为科员、办事员、干部、公务员、官员等。

（二）语言发展的特点

语言的发展有以下两个突出特点。

1. 渐变性

语言作为人类最重要的交际工具，必须具有相对的稳定性。但随着社会的发展，语言也会渐变性地发生调整来满足社会发展的需要。例如，当今的“饭圈女孩”“锦鲤”等。

2. 不平衡性

由于各个组成语言系统的元素与社会发展之间的联系程度存在一定的差异，使得语言要素中的语音、词汇、语法的发展速度有所不同，从而造就了语言发展的不平衡性。

与社会发展联系最为直接的是词汇。在人们的日常生活和学习中，旧事物时常会随着新概念的出现而消失，人们的观念也在不断地更新，这些变化会不断地对语言提出新的交际需求，首当其冲的是语言要素中的词汇。词汇需要快速做出反应，以满足社会交际的新需求。一般情况下，无论哪种语言的语音系统都是相对固定的，并不会因旧词的消亡导致其语音形式的消失，由此可知语音具有稳定性。新词的产生也只能使用已有的语音形式来固定。

三、英汉语言的发展

语言实际上所反映的是一个民族兴衰发展的历史。因为语言受到各种社会因素的影响，主要包括政治（军事入侵与占领后的政治统治）、经济（支撑政治、军事话语权的基础平台）、教育（军事入侵与占领后的语言教育与文化意识形态教育）等。

（一）英汉语言的发展阶段

1. 英语的发展阶段

英语从产生发展到现在已有 1500 多年的历史了。英语的发展主要经历了三个时期：公元 449—1100 年的古英语时期，公元 1100—1500 年的中古英语时期和公元 1500 年至现在的现代英语时期。

（1）古英语时期

英语的发展史可以追溯到公元前 500 年左右，即由大不列颠岛史料记载的凯尔特语（Celtic）。到了公元前 55 年，由于罗马人的入侵，其语言也随之传到了大不列颠岛，从而大大地削弱了凯尔特语的地位。约公元 449 年，居住于丹麦与德国北部的三个日耳曼人部族，即盎格鲁人（Angles）、撒克逊人（Saxons）和朱特人（Jutes），趁罗马帝国衰落之机侵入大不列颠，并逐渐在语言上取代了当时的凯尔特语。经过长期的发展，这三种语言逐渐融合为一种新的语言，并成为当地的官方语言，即盎格鲁 - 撒克逊语（Anglo-Saxon）。盎格鲁 - 撒克逊语就是英语的雏形，后来成为英语发展的基础。到了公元 700 年，大不列颠岛上的居民将盎格鲁 - 撒克逊语取名为 Englisc，后来，又将岛上的国家称为 Englaland，经过长期演变形成了 English 和 England 两个单词。到了 8 世纪末，丹麦人入侵并在英国东北部建立了丹麦区，公元 9 世纪英国又遭到斯堪的纳维亚人的大规模侵略，他们在英国的许多地方定居下来，并和英国人通婚。他们把自己的语言也带到了英语中。斯堪的纳维亚语对英语的发展产生了重大影响。这个阶段是英语形成、发展和统一的阶段，也被称作古英语时期，这一时期的语言则被称为古英语。

（2）中古英语时期

法国于公元 1066 年侵入英国并建立了诺曼王朝，一直统治英国到 1154 年。

在诺曼王朝统治期间，诺曼语作为法语的一种方言在英国享有特殊地位，成为英国政府、教会和学校的官方语言，英语是下层社会劳动者使用的大众语言，上流社会都说法语、写法语。拉丁语则成为进行宗教活动的宗教语言。也就是说，诺曼王朝统治期间英国实际上存在三种语言。法语的使用一直延续到14世纪，于1362—1399年法院、高校、宫廷等才停止使用法语。

1066年诺曼公爵征服英国后，英国臣服于法国的统治，法语成为英国上流社会语言。这一阶段大量法语词汇进入英语，是为中古英语。至今，英语中仍保留着大量的拉丁语和法语词汇，如angel、candle、pope、jury、verdict等。在现代英语中，羊是sheep，而羊肉是mutton；猪是pig，而猪肉是pork；牛是cow，而牛肉是beef。这都是诺曼人入侵的结果，动物名称是英语沿袭词，而动物的肉的名称则是法语沿袭词。因为当时饲养猪、牛、羊的老百姓说的是英语，因而这些动物的英语名称便沿用了下来。但他们所饲养的家畜是供给说法语的上层社会的人吃的，因而这些动物的肉的名称就得用法语，否则这些上层社会的人听不懂。1338—1453年英法进行“百年战争”，英国取得胜利后，英语开始重新回到主流地位。1382年，《圣经》出现了英语的版本，这促使英语成为英国的全民语言，从而结束了拉丁语和法语的统治地位。

（3）现代英语时期

14世纪到16世纪，英国人开始对古罗马和古希腊文化进行研究，大量吸收了欧洲大陆古代社会文化的精华，古希腊、古罗马文化的精髓使得英语的词汇量大增。例如，来自法语的词汇包括surpass、alloy；来自西班牙语的词汇包括banana、cocoa、mosquito；来自希腊语的词汇包括botany；来自意大利语的词汇包括violin、piazza等。

18世纪以后，随着工业革命兴起，英国开始对外开拓市场，在全球争夺殖民地，英国的快速发展推动了英语走向世界的进程。在与世界各地交往和殖民统治的过程中，英语吸收了大量外来新词汇。例如，zebra（斑马）、chimpanzee（黑猩猩）等来自非洲；cashmere（开司米，山羊绒）、shampoo（洗涤剂）等来自印度；tea（茶叶）、litchi（荔枝）等来自中国；kangaroo（袋鼠）、boomerang（回飞镖）等来自澳大利亚；cannibal（食人者）、canoe（独木舟）等来自西印度群岛。

除英国本土外，以英语为母语（native language）的国家有爱尔兰、美国、加拿大、百慕大、巴哈马、澳大利亚、多巴哥、新西兰、牙买加等；将英语作为官方语言的国家包括菲律宾、印度、尼日利亚、加纳、南非、新加坡、肯尼亚、乌干达、津巴布韦等。另外，现在还有很多国家将英语作为第二语言。近年来，英语已经成为世界文化、经济和政治交流的重要语言，逐渐发展成为一种世界语言。

英语也存在很强的地域性差异。在英国本土，由于盎格鲁人、撒克逊人、朱特人分别定居于不同地点，这就使英语在发展的初期就出现了显著的地域差别。随着工业化的进程和城市的发展，伦敦发展成为全英国最大的城市，吸收了来自不同方言区的居民。这些方言不断融合，最后以全英国文化中心的牛津和剑桥所用的语言作为英国的标准语，逐渐推广到全英国乃至国外，成为英国内外统一使用的英语。

2. 汉语的发展阶段

根据不同的标准，汉语的发展阶段存在不同的划分。

（1）上古时期（商、周、秦、汉时期）

从公元前18世纪到公元3世纪（商、周、秦、汉时期）为汉语发展的上古时期，其中商为上古前期，周、秦为上古中期，两汉（东汉、西汉）为上古末期。这一时期的汉语呈现出的特点为：①在语音上，没有轻唇音和舌上音，音调分平、入两大类；在词汇上，以单音节词为主，存在一定数量的复音词。②在语法上，实词没有此类标准，且存在宾语前置的现象，如“吾谁欺？”。

（2）中古时期（六朝、隋、唐、宋时期）

从公元4世纪到12世纪，即六朝、隋、唐、宋时期，为汉语发展的中古时期。其中，六朝为中古前期，这一时期，少数民族统治着中国的北方，汉族居住在中原大地，汉语和北方少数民族的语言开始融合。唐、宋为中古的中、后期，这一时期政治、经济和文化的发展达到了鼎盛时期，从而使得居住于中原地区的汉族语言，即汉语得到了完善的发展和广泛的传播，并产生了深远的影响。

这一时期汉语呈现出的独特特点为：①在语音上，以《切韵》为代表的中古语音系统形成，轻唇音和舌上音产生，平、上、去、入四声形成。②在词汇上，四声别义现象普遍加强，复音词大量增加，出现少量的双音节词、多音节词和外来借词。③在语法上，动补结构出现，如“了、着”等动词词尾产生；文言和白话两种书面语同时并存，但文言书面语占有统治地位。

（3）近代时期（元、明、清代时期）

从公元13世纪到20世纪初，即元、明、清代时期，元代为前期，明、清为中期，鸦片战争到五四运动为末期。这一时期汉语呈现出的特点为：①在语音上，舌上音和正齿音合并形成卷舌音，入声消失，平声分阴阳两类，即阴平、阳平、上声和去声。②在词汇上，口语词汇大量进入文学作品，由于西方文化的引入，大量外来词汇进入汉语，大量的双音节词出现，词汇以双音节词为主。③在语法上，普遍使用结构助词“的、地、得”，语气词系统形成。

（4）现代时期（自五四运动到现今）

自五四运动以来的汉语称为现代时期，形成了以北京音为标准音，以北京方言为基础方言，以典范的现代白话文为语法规范的现代汉民族的共同语（普通话）。这一时期的汉语呈现出的特点为：①在语音上，以北京音为标准音。②在词汇上，以双音节词为主，多音节词并存，汉语词汇量呈现不断扩大的趋势。③在语法上，形成了完善的现代白话文语法规范。

（二）英汉语言的发展特点

由于英汉语言产生、生存和发展的环境与条件不同，因而，它们各自存在自身发展的特点。

1. 英语的发展特点

英语是由多种语言融合而成的，语法简单而刻板、词汇独立而量大是英语的两个显著特点。《英语史：从古代英语到标准英语》一书中说：“本书研究英语和标准英语是怎么一步一步演变成今天这个样子的。它对 18 世纪晚期之后的变化说得很少，因为在那个时期确立下来标准书面英语，此后英语除了在词汇上多几个或者少几个词就没发生什么大的变化。”

（1）拼音文字的音义分离决定了词汇量的不断扩大和攀升

英语属于印欧语系，是拼音文字，其构词的基本单位是字母和字母的组合，每个意思由一个词语来表示。英语往往伴随着新事物的出现而用新词来表示，词汇量一直在不断增加和扩大之中，因而英语的词汇量非常大。

据有关学者统计，古英语只有 5 万—6 万词汇，《牛津英语词典》中收录了 40 多万词汇；在《英国百科全书》中收录的词汇超过 50 万；而现代英语词汇则达到 100 多万，现代英语词典就收录了 75 万多个词条。英语已经成为世界上词汇量最大的语言。

（2）民族的征服与被征服使得英语受外来影响较大

英语民族的发展历史，是一部在征服和被征服的更迭演变中的发展史，因而英语受外来因素影响很大，主要是外族入侵和殖民扩张与殖民统治所带来的民族和政治影响。英语中有 80% 的词汇是从其他语言借来的。

通过殖民移民与殖民统治，英语不断扩张。例如，17 世纪时，英国移民开始在北美洲进行殖民活动。随着移民人数的增多，在北美洲东部沿海建立了 13

个殖民地，后经过独立运动，建立了美利坚合众国。随着英国的殖民扩张，英语的影响也随之扩大，分布也越来越广，其范围遍布全球。但由于空间上与本土距离较远以及接受地的客观原因等，出现了英语的国外方言，俗称国别英语，主要有美国英语、澳大利亚英语、南非英语和印度英语等。其中，美国英语凭借美国强大的国力影响，是英国本土以外使用影响最大、分布最广的英语方言。

2. 汉语的发展特点

汉语是由单一语言进化演变而成的，语法精练而灵活、词汇义宽而量小是汉语的两个显著特点。

（1）表意文字决定了汉语词汇量小而义宽

汉语属于汉藏语系，是表意文字。汉语中字与词不同，有些字本身就是词，有些字只是词素（构词的基本单位），只能与其他的字组合才能成为词。汉语中组词的汉字数量基本固定，常用汉字大约是 3600 个，但是由这些汉字组成的词可以不断增加和扩大，如“宅女”一词，是反映现在的一种不出门与人交往，而整天待在家里的女孩，是由“宅”和“女”组合而成的，单纯的“宅”和“女”不能表达词汇“宅女”的含义。汉语演变的总趋势是词汇量增多与词义扩大。但与英语相比，汉语的词汇量还是比较小的。有关统计显示，我国古代的《康熙字典》中收录了 4.9 万个字和词；在《汉语大字典》中收录了 5.6 万个字和词；在《中文大辞典》中收录了 40 余万个词条；在《大汉和辞典》中收录了 55 万余个词条。收录最多词条的《大汉和辞典》也只有英语词汇量的一半。

（2）民族的统一使得汉语只产生体变

汉语受外来因素的影响很小，一直保持稳健的发展。首先是中国没有亡国的历史，在古代，虽然受北方民族入侵，但改变的往往是入侵民族自己的语言文字和文化，即汉语同化了外族语言。但在鸦片战争之后，落后的中国开始受西方文化的影响较大，现代汉语中的很多词汇直接或者间接地来自外族语言。据有关学者研究，现代汉语中有 70% 的词汇源于日本汉语，这主要是鸦片战争以后，中国人转道日本学习西方的政治、经济、科技乃至思想文化所致。

汉语发展到现在已有 6000 多年的发展历史。汉语中存在诸多方言，而且方言之间的语音差别很大，但在语法和词汇方面的差别比较小。同样，古汉语和现代汉语之间也是语音的差别大，语法和词汇的差别小。

汉字经历过许多变迁，但主要是书写体的变化，即甲骨文、金文、篆书、隶书、楷书等书写体的变化。虽然汉语方言在发音等方面仍然存在着较大的差异，但书写系统的统一极大地减少了交流障碍。

综上所述，英语是英语民族在征服和被征服、侵略与反侵略的斗争中，在接受与融合的基础上发展起来的一部语言发展史，反映了英国民族的曲折发展历史。而汉语则是在统一的多民族发展中，语言内部的进化与改善的语言发展史。

第二节　英汉语言对比研究

一、英汉语言对比研究的起源与发展

语言对比研究的历史源远流长。在对语言进行比较研究的过程中，由于人们的兴趣、目的、方法不同，逐渐形成了不同的语言学分支。欧洲和美国是对比语言学的两个主要源头。

欧洲传统的对比语言学起源于 19 世纪末 20 世纪初，代表了当时语言学研究的兴趣。这一传统的对比语言学研究大多是理论性的，并一直持续到 20 世纪 60 年代。第二次世界大战期间，美国传统的对比语言学研究刚刚开始，这一概念是由美国人类语言学家沃尔夫在 1941 年首次提出使用的，他在《语言与逻辑》一文中最早提出了“对比语言学”这一名称，并指出可以将比较语言学中产生的新的思想方法称为“对比语言学”，它主要是指研究不同语言经验、逻辑和语法等方面在一般分析中的重大区别。美国对比语言学的兴起主要是由于当时外语教学的需要。为了让大量的美国移民在短时间内掌握英语，同时也为了让出国参战的美国士兵迅速掌握一些有关参战地区所使用语言的基本知识，学界当时认为外语教学最有效、最经济的方法就是“对比分析”。这一指导思想的心理学理论基础是行为主义的刺激—反应联想学习原则，该理论认为，外语学习过程是一个母语与外语之间建立起联想的过程。与此同时，美国结构主义描写语言学日趋成熟，提出了一套对语言的结构按层次进行切分的方法和程序，从而推动了对比语言学的发展。美国的对比语言学从一开始就服务于外语教学，被认为是外语教学的一个重要力量基础。20 世纪 60 年代以后，这种以教学为目的的对比语言学的两个理论基础——行为主义心理学和结构主义语言学都受到了批判，从此，对比语言学在美国一蹶不振。

对比语言学在欧洲的发展则选择了不同的道路。20 世纪 50—60 年代，欧洲各国多个语言学派及其语言学家们，对语言学理论对比研究做出了巨大贡献。60 年代中期，美国的对比语言学开始走向末路，而在欧洲对比语言学则方兴未艾，研究的重心开始从美国转向波兰、芬兰等欧洲各国，一大批有组织的对比

研究项目蓬勃开展起来。这些项目有的侧重于理论研究，有的侧重于实践应用，但大多采用转换生成语法作为对比描述的语言学框架，这些项目的开展大大促进了对比语言学的发展，成果颇丰。不过此时的对比语言学研究绝大部分是英语和其他欧洲语言之间的对比。此后的几十年里，对比语言学得到了迅猛发展，传播到欧洲之外的国家和地区，并有大量著作问世。

20 世纪末，新的语言学理论层出不穷，涉及语用学、生成语义学、社会语言学以及认知语言学等方方面面，并取得了前所未有的研究成果。1998 年，芬兰对比语言学家切斯特曼出版了专著《对比功能分析》，这一著作被视为半个多世纪以来西方对比研究的集大成之作。他不仅尝试对涉及对比基础的一些概念进行哲理性探索，而且还从理论上将对比研究与翻译研究联系起来，提出了一套更具操作性的对比研究程序。他注重将对比范畴从外向的语用学层面延伸至内向的语言使用者心理，建立了一个宏大而又缜密的功能对比研究体系。这种从宏观走向更加宏观、从二维对比发展至多维立体的研究，昭示了对比语言学的历史发展趋势。

正当对比语言学以欧洲为中心进行着宏观对比以及理论建构的同时，中国的对比语言学也在蓬勃地开展。1977 年，吕叔湘先生发表了《通过对比研究语法》一文，该文章被视为中国的对比语言学学科形成的标志。此后的几十年里，来自汉语界、对外汉语界、英语界以及理论语言学界等各方面的力量形成合力，在语音、语义、语法、语用和文化等许多方面的中外语言对比上取得了丰硕的成果，研究的视角也从最初单纯的微观研究逐步发展到了宏观研究。

我国著名语言学家吕叔湘对我国的语言对比研究做出了巨大贡献，主要表现在四个方面：①积极倡导比较方法论。他认为只有通过比较，才能了解一种语言的文法，才能了解各种语言表现手法的异同。②努力实践比较方法论。吕叔湘先生以严谨的科学态度从析句、词序、词形变化、语音、拼法、非限定动词、动词时态、词义、词类等方面进行了英、汉两种语言的比较，为中国的英语教育指明了方向。③在理论和方法上有独特建树。他主张应用性对比研究应重在求异、释异。④重视学科建设与人才培育。吕先生创建了我国第一个英汉对比语法专业课程，这一举动充分带动了各个高校积极建立和开展面向全体学生的英汉语言文化对比课程。

二、英汉语言对比的内容

语言对比分微观对比和宏观对比两大范畴。微观对比包括语音、文字、词汇、语法等，而宏观对比则关注语言习惯、文化背景等。

英汉语言对比主要通过实际英汉翻译例证，分析英语和汉语在语言风格、句法现象、词汇表达上的差异，了解两种语言在词汇意义和语序安排上的异同，掌握句子结构、句子顺序及内容在表达上的特点等，科学地进行翻译练习和翻译实践。语言的表达方式不仅与文化有着密切的关系，而且与思维及逻辑方式也有着密切的关系，这种思维及逻辑方式的差异，在语言表达方式上的表现，既存在于语篇的思路和结构上，也存在于句子的水平上。

英汉文字对比是英汉语言微观对比中的重要部分。文字学是语言学中以文字为研究对象的一个分支学科，创始于中国。英汉文字对比虽然属于英汉语言文化微观对比的范畴，但是其比较内容所涉及的范围却十分广泛，包括文字的起源与演变、文字的形体特征、文字在语言单位中所处的地位、文字的表音表意性质等。

词汇是一种语言里所有的词和固定词组的总和。词汇学是语言学的一个分支学科，词汇学研究语言或一种语言词汇的组成运用和历史发展。可以说词汇研究是语言学研究的一部分。古代汉语只能称之为语文学，并没有发展到西方系统逻辑的语言学的程度，但是，汉语词汇学研究却历史悠久，它起源于我国古代的训诂学。语言学发达的英语长久以来没有词汇学一说，可是词汇的研究却是由来已久的。现代语言学的兴起和蓬勃发展也对词汇研究产生了巨大的影响，语法研究的目的在于描写和总结语言的组织规律，其范围和内容随着人们对语法在语言中的地位的认识不同而不同。

修辞学所研究的是如何提高语言的表达效果，是以修辞活动为研究对象的一门科学，主要包括语音、词汇、语法中的各种修辞手段。从发源的角度来看，汉语传统修辞学与西方传统修辞学有着截然不同的出发点。西方传统修辞学以说服别人、在辩论中获胜为出发点，与演讲手段有着密不可分的关系，试图影响他人。中国传统思想强调修身养性，汉语修辞主要着重于文字写作方面，是古代文人塑造人际关系、参与社会管理的必备技能，主要以安身立命、维护君王统治、治国平天下为主要目标。

语篇对比属于对比语言学的范畴，英汉语篇对比研究是起步发展较晚的一个领域。句子一直以来都是人们认知中最大的语言单位，随着语篇分析的飞速发展，逐渐成为比句子更大的语言单位，许多专家、学者也越来越重视对语篇的研究，从而把对语言的研究提升到了篇章的层面上。韩礼德和哈桑在《英语的衔接》（*Cohesion in English*）一书中详细描写了英语语篇中的衔接现象，并将衔接的手段划分词汇衔接、连接、省略、替代和照应五类，这一理论的提出对之后的英汉语篇衔接手段对比产生了深远的影响。

语用学是一门新兴的语言学分支学科。语用学的发展经历了一个漫长的阶段，直到20世纪六七十年代，语用学才作为一门独立的语言学分支学科被人们所熟知。英汉语用对比研究涉及理论研究、话语结构、语用教学、语用失误、指示语、交往规则等多个方面。

语言的产生可以说是人类为了传播文化思维经验而形成的一套特殊的表达方式。由于，语言既是文化的镜子，又是文化的载体和交流工具，文化是语言赖以生存和发展的土壤，因此语言不能脱离文化而存在，必然受到文化的影响和制约，同时语言也促进文化的发展，两者密不可分、相互依赖。

随着英语学者和对比语言学学者对汉语研究的热情越来越高，关于英汉思维、文化及语言之间的影响这一问题的深入思考和研究，已经发展成为英汉对比研究中的一门新学科。

（一）英汉语音对比

语音是语言的基本物质外壳和表达手段。语音是语言的声音。形式和内容是语言最重要的两个方面，其中语义是语言的内容，而语音则是语言的外在形式。一般情况下，语音都要表达一定的语义，是语言的物质外壳。自然界的声音既不能起到社会交际的作用，也不能表达语义，如风声、雨声。由于这些声音并不是由人类发声器官所产生的，并不能纳入语音的范围。因此，想要充分了解语言，人们必须懂得语言的语音特点。同样，要了解不同语言之间的异同，对其语音进行对比研究也势在必行。

语音的研究和分析通常是从语音的生理性质、物理性质和社会性质三个方面进行的。语音的生理性质和物理性质属于语音学的研究对象。

1. 生理性质

从生理上看，语音是人类的发音器官（包括肺、气管、喉头、声带、口腔和鼻腔等）高度协调活动的结果。不同语言之间的语音差异主要是因为发声器官活动的部位不同造成的。

2. 物理性质

语音的物理性质主要表现为音色、音高、音强和音长。

（1）音色

音色主要是指声音的特色，它是由音波波纹的曲折形式决定的，即共鸣器的形状、发音方法和发音体。音色在语音中表现为区分元辅音，英语与汉语的元音和辅音大多相同或相近，但是此有彼无的情况也有不少。

（2）音高

音高主要是指声音的高低，它是由一定时间内发声体的振动次数决定的，其声音随着发声体振动次数的增多而不断提高，反之则越来越低。除此之外，声音的高低还与发声体自身的粗细、松紧、宽窄、长短、厚薄等方面有关。在语音中，声音的高低主要体现在声调上。汉语是典型的声调语言，对音高的变化特别敏感。

（3）音强

音强主要是指声音的强弱，它是由音波振幅的大小决定的，其声音随着振幅的增大而增强，反之则减弱，音强在语音中主要体现在重音上。在英语中，重音具有区别词义或词性的功能，是英语语音表达的主要手段之一。因此，可以说英语是一种重音语言。

（4）音长

音长主要是指声音的长短，它是由声带振动时间长短所决定的。在语音中，轻声和语调都受音长的影响。

3. 社会性质

语音的社会性质指的是各语音特征及不同语音要素在语言交际中的表达功能，语言的各种意义都要靠语音表达出来，并且语音与其所表达的意义之间具有社会约定俗成的特点。例如，“ge qu”（歌曲）表达“由歌词和曲谱相结合的艺术形式”，这样的意义是由讲汉语普通话的人们所公认的、约定的，而不是因为这个语音形式本身的功能。同样，在英语中，“music”也是如此。语音的社会性质是音系学的主要研究对象。

（二）英汉音位系统对比

音位（phoneme）指的是一个语言系统中能够区分词义的语音单位，即按语音的辨义作用归纳出来的音类，是语言系统中最小的语音单位，也是从语言的社会属性划分出来的语言单位。

音位是指某一具体语言或方言中，最小的具有区别意义作用的语音单位。某一语言的语音采用了一套数量有限的音位构成了该语言的音位系统。确定音位的主要依据是语言中音素的分布和对立情况。音位可以看成一组相互关联的音素的抽象代表，这一组相互关联的因素便称为这个音位的音位变体。音素是根据语音的自然属性划分出来的最小语音单位。从声学性质来看，音素是从音质角度划分出来的最小语音单位。从生理性质来看，一个发音动作形成一个音素。例如，汉语拼音中，有“a”这个音位，它在 z、c、s 后面发的音是一个音素，在 zh、ch、sh 后面发的音又是一个音素，在其他声母后面发的音则是另一个音素。这三个音素就是 a 这个音位的三个变体。在传统语音学中，人们将语音划分为两大类，即元音和辅音，它们是语音学中的术语。元音指的是气流振动声带，流经口腔或鼻腔不受阻碍而形成的音；辅音则是气流在口腔或鼻腔受阻而形成的音。在语音研究中，英语研究者通常使用元音与辅音作为研究对象。

三、英汉语言对比的理论与方法

语言是社会文化的重要组成部分，不同语言在词语等方面的差异，能够充分反映使用这种语言的社会文化方面的重要特征，如语言文化、宗教文化、社会文化和物质文化等。英汉语言对比的方法主要有两种：一是以语法为中心，二是以语言事实为基础。以语法为中心是较为传统的对比方法，也是较为直接简便的方法，由于语法研究主要是对语言的语义表达与其组织规律之间关系的研究，因此其差异主要是指两种语言之间最基本的差异。

（一）以语法为中心

1. 概念

首先要弄清楚两个概念，即客观语法和主观语法。①客观语法。主要是指不同语言客观存在的语言组织规律。②主观语法。主要是指在研究客观语言事实的过程中所总结出来的语法体系。随着研究立场和角度的不同，其对语言事实的解释也会有所不同，因此与客观语法尚有一段距离。

2. 对比研究需要遵循的原则

针对汉语语法体系的特点，在进行对比研究时必须遵循三个原则：①在两种语言中，同一种语法术语所代表的意义有所不同。②在议论语法问题的过程中，必须要分清一般的思维概念和语法概念。③同类词在不同的语言中的功能不完全相同。

（二）以语言事实为基础

英汉对比的第二种方法就是以语言事实为基础。收集语言实际使用中足够多的第一手语料，并对其做详尽的描写，进而深入探讨、分析和解释其中所反映的问题。但需要注意的是，在对语言事实进行充分描写的基础上，结合从语法框架入手的思路，归纳和总结发现的信息，使其最终指向系统性的解释，而不是仅仅满足于对零散语言现象的分析。“描写”是解释的前提和基础，任何解释都必须建立在客观的、科学的描写之上，否则是不具有任何意义的。但是，为了使对语言的认识不断深化，且上升到理论的高度，除了要描写之外，还需要进一步的解释。显然，这两者是相辅相成、缺一不可的。理论的价值只有在解释具体语言事实时才能实现，其价值会随着解释力的增强而提高。可以在“描写”的基础上进而发现英汉两种语言在表达上存在的一些规律性的区别。

四、英汉语言对比的意义

对比分析是语言研究的重要手段。许多专家、学者认为语言学理论是对世界各民族语言综合比较、分析、研究得出的科学结论。语言学家历来重视语言的对比研究，他们的论著常通过研究其他国家和民族的语言来论述本族语言，或通过不同语言的对比分析来揭示本族语言和其他语言的异同之处。语言学上的这种研究称作“对比分析”或“对比语言学”。

要研究语言，就要对语言的本质有所了解和认识，也就是说要了解和认识语言的基本性质、结构和组织规律。了解认识语言本质最直接的方式就是对不同的语言进行对比分析，描述它们之间的异同，服务于具体的语言应用。从理论上讲，对比研究既是进行语言研究的一种有效方法，也是促进语言研究的新途径，它不仅可以促进英语研究，而且可以促进汉语研究，还能使语言的描写和阐述更加精细。

人类对母语有一种天然的依附感，在使用母语时靠得是一种习惯或本能。例如，我们在使用汉语时很少考虑为什么要这样说，这样说是否合乎逻辑，等等，我们想当然地认为语言就是这样使用的，没有什么原因或理由。如果我们在语言研究中引入英语进行比对，发现其中的不同并加以整理，我们就会对母语乃至英语的组织结构有一个全新的认识，归纳出具有普遍性的结论，从而使语言研究变得更加丰富。

从实践上讲，全面地对英汉两种语言进行对比，不仅能够对语言结构知识和不同语言体系之间的关系有进一步的认识，还有利于翻译与教学活动的开展。同时，在对比英汉语言的过程中，能够熟练掌握两种语言的差异，从而为英汉互译打下坚实的语言基础，进一步掌握英汉语言知识。除此之外，英汉语言的对比分析还能消除母语对英汉互译、遣词造句的干扰。

第三节　英汉语言的对比翻译

一、英汉语言对比翻译的过程

翻译的过程主要是指译者在正确理解原文意义之后，通过利用具有创造性的手段以另一种语言再现原文的过程，主要包括三个阶段，即理解、表达和校核。在翻译的过程中，必须熟练掌握理解与表达之间的关系，理解是表达的前提，因此不能将两者分开。一般情况下，译者在理解一段或一篇文章时，会下意识地选择表达的手段；当译者在进行表达时，则会进一步加深其对翻译文章的理解。

（一）理解阶段

分析原文是译者探求正确译法和正确理解文章内容的关键。因此在实现确切翻译的过程中需要注意以下几个方面。

1. 理解语言现象

译者在理解原文的词汇和句子的含义时，应充分考虑原文的语境，如下例。

Suddenly the line went limp. “I’m going back,” said Kurth. “We must have a break somewhere. Wait for me. I’ll be back in five minutes.”

译文：引爆电线突然耷拉下来。库尔思说：“我回去看看。一定是哪个地方断了。等一等，我五分钟就回来。”

“break”包含了多种意义，既可以表示“休息”，又可以表示“断开”。在本例中，有些译者由于没有根据语境正确理解“break”的意义，通常会将“We must have a break somewhere.”错误地翻译为“我们必须找个地方休息一下”。

2. 理解原文所涉及的事物

译者在翻译的过程中不仅要正确分析原文的逻辑关系和语言形象，还要对一些特有的事物或历史背景进行透彻的理解，如下例。

John can be relied on. He eats no fish and plays the game.

译文：约翰为人可靠，他既忠诚又正直。

本例中的“to eat no fish”是英国伊丽莎白女王时代的一个典故，这个时期的耶稣教徒为了表达对英国政府的忠诚，拒绝了罗马天主教徒在星期五只吃鱼的习俗。因此这句话代表了“忠诚”的意思。而“to play the game”是习语，主要是指为人正直、公平对待的意思。有许多译者因为对这两个句子没有深入的了解，尤其是后面一句，通常会错译为“他一向不吃鱼而且经常玩游戏”。

3. 理解逻辑关系

译者应通过语境去理解原文中的逻辑关系，以及词语和句子可能包含的含义，从而选择准确的译法，如下例。

It is good for him to do that.

这一例子存在着两种不同的意义，即“他这样做是件好事”或“这样做对他有好处”，因此译者在翻译的过程中，必须自己分析原文的内容，根据语境选择更符合逻辑的译法。

（二）表达阶段

在表达阶段，需要译者根据对原文内容的理解进行一定的梳理和分析，从而利用另一种语言重新表达出来。译者对原文内容的理解程度影响着表达的效果，但是不能保证表达的准确性。表达的主要方法包括以下两种。

1. 直译

直译主要是指在保持原文内容、风格和形式的基础上进行翻译，而不是死译或硬译，如下例。

But I hated Sakamoto，and I had a feeling he’d surely lead us both to our ancestors.

译文：但是我恨坂本，并预感到他肯定会领着咱们去见祖先。

在本例中，译者对第二个简单句的译法充分体现了直译的翻译方法，既还原了原文的内容，还再现了原文所运用的比喻修辞手段。由此可见，直译法不仅有助于引进国外的一些表达方式、句法结构和新鲜词语，还能保持原文的风格，从而使译文更加完善、丰富。

2. 意译

不同语言的表达方式、句法结构和语言词汇等方面存在着一定的差异，因此当原文内容与译文在某些方面不一致时，译者则需要采用更为理想的翻译方法，即意译。如下例。

Don’t cross the bridge till you get to it.

译文：不必自寻烦恼。

在本例中，如果运用直译的方法应该将其译为“到了桥边才过桥”，这会使读者很难真正理解原文的意思，因此采用意译法更理想。

（三）校核阶段

校核阶段主要是指译者对原文内容进行核实并反复推敲译文语言的过程。

校核能够有效避免译文出现错译或漏译的现象。译者需要校核的内容包括：①一般情况下，对译文应校核两遍，分别校核译文与原文的内容是否相符，以及润饰文字是否准确。在时间比较富裕的情况下，译者应对照原文再通读一遍译文，从而保证译文的准确性。②检查和修改译文中存在的陈腔滥调，以及冷僻的词汇等。③检查和修改译文中段落、句子和词语等方面的错误。④检查和修改日期、数字、地名和人名等方面的错误。

二、英汉语言对比翻译的价值

从翻译观出发，翻译的价值主要包括以下几个方面。

（一）语言价值

从翻译的形式来看，其主要是一种符号转换活动。译者在翻译没有与目的语对应词语的译文时，可以采用创造新语和袭用旧名两种方法。由于袭用旧名容易导致翻译失去其原有的作用，因此创造新语的方式更为常用。

（二）社会价值

翻译的社会价值主要是因其活动所具有的社会性，即翻译对社会的交流与发展起着推动的作用。从本质上来说，翻译所起的一种作用是让人类的心灵进行沟通。翻译为克服因语言差异带来的交际障碍提供了新的解决路径。翻译是人类社会交流文明成果的重要手段，没有旨在沟通人类心灵的翻译活动，人类社会就不会像今天这样发达。

（三）创造价值

从文化层面来看，译者在翻译的过程中所引进的异质因素都具有创新的作用；从社会层面来看，交流是创造的前提，任何社会活动都需要建立在一定的交流基础之上；从语言层面来看，为了能更好地引进新事物和新概念，译者在翻译时必须进行大胆的创造。

创造是继承与创新的过程，翻译能够在这一过程中给予原文新生命、新面貌，使其以新的形式呈现在读者面前。这种与“异”的交流、融合过程，是构成翻译创造功能的源泉。

（四）文化价值

由于翻译属于文化的一部分，因此翻译对于世界文明的发展具有十分重要的作用。季羡林在分析翻译的社会价值时就已经注意到了其文化价值，他认为无论是在一个国家还是一个民族内，只要语言文字存在差异，就有翻译存在的必要。翻译是因人类相互交流的需要而出现的，所以翻译可以被理解为一种人类的跨文化交际活动。依据这一定位，翻译在人类文化发展中的作用就变得非常明确了。季羡林将文化的发展分为诞生、成长、繁荣、衰竭和消逝等五个阶段。

一个民族的文化是不断创造、不断积累的结果，而翻译就是促使这种结果产生的力量。一个民族有自己的文化传统，而不同时代会赋予传统以新的意义与内涵，语内翻译是对文化传统的一种丰富，是民族文化得以延续的一种保证。一个民族想要寻求发展，必须从封闭走向开放。无论自己多么辉煌和精彩，都需要与其他文化进行交流，在不断的碰撞中逐渐达成相互理解和交融。从文化交流与建设这个维度上看，翻译与民族的交往共生，与文化的互动同在。

三、英汉语言的对比翻译专业人才的综合素质

英汉语言对比作为翻译专业的一门课程，直接服务于翻译人才的培养。英汉语言的对比翻译需要翻译专业的学生具备以下知识结构和学识素养。

（一）应具备现代英语和汉语知识

这是英汉语言对比课程的基本内容所决定的。现代英语和汉语知识在各自的领域内都是一个庞大的知识体系，学习者需要掌握好两种语言的语音、词汇和语义系统，全面认识其句法结构和篇章结构，并关注其动态发展，细致地观察和分析各种语言现象，进而发展和强化自身的中西现代语言知识。

（二）应具备普通语言学的知识

普通语言学是研究语言的类型和分类，以及语言的本质、发展和起源的分支学科，也是对人类语言的看法和研究结果的理论概括。人类所有语言都是普通语言学研究的对象，主要内容包括语言的发展规律、结构特征和性质等。我们需要在具体语言事实和知识对比的基础上，从更高的理论高度去观察和分析某些语言现象，进而思考语言之间乃至文化之间的共性和特性，这就需要具备普通语言学的知识。

（三）应具备英汉历史和文化的有关知识

英汉对比的初级阶段只关注英汉语言结构知识及其实践的应用，对比研究必然要从语言和文化根源上探讨两者之间的共性与特性，因此我们有必要拓宽对比的视角，从广义上认识英汉语言与文化的知识范畴，总结其内在的规律性变化，从而更好地把握两种语言的历史演变特征和发展趋势。

（四）应具备一定的理论意识和素养

英汉语言对比课程不仅帮助学习者梳理总结英汉两种语言的语言结构知识，更能帮助他们归纳和总结两种语言的特点，并加以深刻的理解、分析和解释。理论意识和素养可以帮助他们从理论的高度、从语言与文化关联的角度分析具体的语言现象，在实践中验证理论，并熟练有效地指导英汉翻译等实际应用。

第二章　英汉语言的词汇对比

汉语和英语分别属于两个不同的语系，两者之间一定会存在一定的差异。而且英汉互译的方法、技巧等都是建立在两种语言的对比之上的。因此，对比两种语言之间的差异也显得十分重要。只有通过对比英汉两种语言的不同，才能掌握这两种语言的特点。本章主要分为英汉构词对比、英汉词类对比、英汉词义对比三个部分。

第一节　英汉构词对比

一、汉语词汇的构成

英语是拼音文字而汉语中的“字”是通过象形、指事、会意、假借、转注等方式创造而成的，是表意文字，是用表意体系的符号表示汉语的词或词素的，所以英语和汉语在构词上大不一样。汉字的构词能力是十分强大的，汉语中所有的词都是由4990个汉字构成的。汉语的“字”和“词”是有区别的。汉语中，有的“字”可以是一个词，但不是所有的“字”都是词，它们是形素或者是词的义素。汉语词常常是由两个或两个以上的“字”构成的，从这个意义上说，尽管汉字是单音节的，但汉语词是多音节的。

在古汉语中，通常一个“字”就为一个“词”，比如“战”与“和”就表示“战争”与“和平”。现代汉语中有两音节、三音节、四音节等。例如，①两音节：评估、共同。②三音节：安乐死、万元户。③多音节：帝国主义、无产阶级。

在汉语中，还可以用重叠的构词方式，也就是说重复一个基本音节以组成新词，例如，“广大与硕大”就是重复了“大”这个基本音节。

除了上边提到的多音节构词方式和重叠构词方式之外，汉语的构词方式还有很多种：①两个不同意思的字合在一起构成只有一个意思的词，如国家、妻子等。②叠词，意思不变，如爸爸、妈妈等。③两个字的字意基本相同，如土地、战争等。④两个字意相反的字构成新的词，如东西、买卖等。⑤名词前面加上形容词，但是形容词没有任何修饰作用，如老虎、小孩等。⑥两个字连在一起，前面的词起限制作用，如马车、信封等。⑦在某个字前边加修饰语，构成一个处所，如教室、食堂等。⑧两个意义完全相反的动词连在一起，如忘记、教学等。⑨两个动词构成趋向动词，如跳起、抄下等。⑩两个字连在一起构成不确定意义的新词，如斟酌、仿佛等。⑪两个字位置调换，但意义没有发生多大变化，如来往 = 往来、累积 = 积累等。⑫两个字位置调换，意义发生些许变化，如语言与言语、计算与算计等。⑬两个字位置调换，意义完全发生变化，如带领与领带等。⑭汉语构词中的前缀与后缀，如前缀“老”表达爱称：老张、老王；后缀“们”表复数：同志们等。

二、英语词汇的构成

（一）概况

和汉语比起来，英语显得十分年轻。不列颠岛多次被异族侵占，它的语言必然会受到一定程度的影响。在中古英语时期，法语词语就已大量进入英语，其影响一直持续到现代英语时期。此外，现代英语还从德语、荷兰语、意大利语等吸纳了大量词汇，包括文学、艺术、外交、军事、社交、生活、科学等各个方面，从而使自己的词汇量空前扩大。

英语的全部词汇有 100 多万个。本族语词和外来语词是英语词汇的两大组成部分。其中英语的基本词汇是本族语词。这些本族语词代表着全民族活动的共同概念和基本情景，不仅体现语言的社会功能，也体现了语言的心理功能。它包括了使用最多的词汇、最被生活需要的词汇和最具生命力的词汇等。一般大家习惯把英语分成十大词类，如果我们从体现词位（词和习语）主要语义上分类的话，可将其分为实体词、行为词、特征词和关系词四类。除上述词以外，还有表宣泄感情的词，等等。

（二）外来语

英语在整个发展过程中吸收了大量的外来语。例如，street、cup 等词原本是拉丁词，后来英语改变了它的形式，并保存了下来。在丹麦入侵时期，英语从丹麦语中引进了不少日常用语，如 egg、skill 等。诺曼人征服英国后，有很多法语涌入英语，如 country、vassal 等。

进入文艺复兴时期，英国学者和作家们开始大量借用外来语，其中包括法语、西班牙语、汉语等。

（三）英语构词

英语词的结构分为三大部分，分别是词根（Roots）、词缀（Affixes）和词干（Stems）。词根是英语单词中最根本、最核心的不可分析的语素。词根大部分是单音节的，但也有小部分是多音节的。在英语中词根大约有 460 个。它代表一个单词的基本词义，有许多词根可单独构成一个词，如 fact、man 等。词缀是附着在词根或者词干上的，不能单独构成一个词。英语词缀可以加在词根的前头，也可以加在词根的末尾，以改变词根的意义，构成新词。词干是加后缀之前词根的变形，如 modify（修改）这个词，词根是 mod，词干是 modi，后缀是 -fy。词干和词根有时是相吻合的，如 shortly（不久）这个词，short 既是词根也是词干。英语的构词方式大概可以分为以下几种。

1. 词缀法

派生法（derivation）通过给词根加词缀而构成新的词。派生法是英语中一种特别高产的构词法，有时一个词根可加几个词缀。而其中前缀和后缀的数量虽然少，但是使用词根的场合却特别多。汉语的词缀比较封闭，而英语的词缀却比较开放。随着社会的发展，一些新的词缀应运而生。

下面简单论述一下词缀法，它可以说是派生法的一种，它借助于语法形位，即词缀构成新词。英语的词缀分成前缀和后缀两种。

（1）前缀

① a-；an-；anti-；contra-；de-；dis-；in-；un-；non- 等是标示否定的前缀。② ab- 是标示“脱离”的前缀。③ aeri- 表示“空气”。④ be- 表示“全体”“到处”。⑤ bi- 表示“二”“两”“双”“重”。⑥ bio- 表示“生命”“生物”。⑦ by（e）- 表示“附近”“邻近”“副”。⑧ ex- 表示“出自”“向外”“向上”“免除”。⑨ extra- 表示“在……之外”“超出”。⑩ pro- 表示“代理”“拥护”“公开”。⑪tele- 表示“远”。⑫quasi- 表示“类似”“准”。

（2）后缀

① -dom 表示“职位”“领域”“状态”。② -ed 表示“具有……特征”。③ -cide 表示“杀者”“杀”。④ -ary 表示“与……有关”。⑤ -ability 表示“可能”。⑥ -ar 表示“有……特征”。⑦ -active 表示“有……性质的”。⑧ -ac 表示“有……倾向”。⑨ -al 表示“……的”。⑩ -est 表示最高级的。

2. 转类法

转类法也被称为转化法。普遍认为，转类法是英语的构词法中特别高产的一个，无论是什么词类的词或者什么结构的词，它貌似都可以对相当一部分进行转化。在英语中的转类是指词类的转化，而转化之后词的基本意义不发生改变。英语的转类词与汉语的兼类词相当。虽然名称有别，但其性质是相近的。主要有五种类型：①名词作定语。例如，power problem 动力问题、danger zone 危险区。②名词转成动词。例如，man *n.* 人→ to man *v.* 配备人员。③形容词转成动词。例如，round *adj.* 圆的→ to round *v.* 使成圆形。④动词转成名词。例如，to support *v.* 支持→ support *n.* 支持、支持物。⑤形容词转成名词。例如，better *adj.* 较好的→ a change for the better *n.* 变得好起来。

3. 合词法

上面讲到，汉语把两个字合在一起，构成了一个新词，英语也可以这样生成新的词汇。不少合成词的含义可以从其组成判断出来。合词法主要可以形成：①复合名词。例如，air-conditioning 空调。②复合形容词。例如，an off-the-cuff（opinion）临时想起的（一点意见）。③复合动词。例如，to by-pass 使……从支路通过。

4. 拼缀法

拼缀法就是剪裁原本就存在的两个词汇，分别留取它们的头部或者尾部，然后连接剩余部分，构成一个新的词汇。这种方法与汉语的“减缩法”十分相似。拼缀的主要方法有：①保留第一词的首部和第二个词的尾部。例如，botel（boat+hotel）汽艇游客旅馆。②保留第一个词不变，删去第二个词的首部。例如，Nixonomics（Nixon+economics）尼克松的经济政策。③保留第二个词不变，删去第一个词的尾部。例如，helipad（helicopter+pad）直升机升降场。④删去第一个词和第二个词的尾部。例如，sitcom（situation+comedy）情景喜剧。

5. 缩略法

缩略法是现代英语中又一种构词手段，它在科技和生活中使用得更为广泛。缩略的方法主要有：①缩略词的首部。例如，telephone—phone。②缩略词的尾部。例如，advertisement—ad。③缩略词的首尾。例如，influenza—flu。④缩略词中字母或非重读音节。例如，courtesy—curtsy（礼貌）。⑤首字母缩略词。

英语的构词法除上述外，现在还有一种方法，叫作逆成法（backformation）。逆成法恰好与词缀法相反。词缀法是利用词缀构成一个新的词汇，而逆成法正好是舍弃了后缀，进而构成一个新的词汇。例如，television 删去后缀 -ion 就生成了 televise，是先有的名词 television，后有的动词 televise。

第二节 英汉词类对比

一、英汉词类划分

词类的划分标准一般分为词义标准、形态标准、句法标准三种。词义标准是判别词类的基本标准，就此标准而言，英语和汉语并无较大差异。形态标准是以词的形态为依据判别词类，与英语相比，汉语的形态就不怎么丰富了。句法标准是以某词在具体语境中所表现的句法功能为标准判别词类。将以上三个标准相结合，才能更准确地划分词类。

根据以上标准可将英语词汇分为十大词类（Parts of Speech）：名词（Nouns）、形容词（Adjectives）、数词（Numerals）、代词（Pronouns）、动词（Verbs）、副词（Adverbs）、冠词（Articles）、介词（Prepositions）、连词（Conjunctions）、感叹词（Interjections）。

汉语的词类划分虽然比英语复杂一些，但是和英语词类的划分基本相同。汉语可以分为：①实词。实词包括数词、量词、名词、方位词等体词，动词、形容词等谓词以及副词。②虚词。虚词包括介词、连词等关系词和助词、语气词等附着词。③特类。特类包括叹词和拟声词。

二、名词对比

（一）分类对比

参照不同的分类标准，英语中的名词可以分为很多种类，如可数名词、不可数名词；专有名词、普通名词，等等。汉语名词的分类中包含专有名词、普通名词、抽象名词、集体名词等。但是汉语中不存在可数名词和不可数名词。下面会进行一些对比说明。

众所周知，英语中的可数名词有数的变化，在大多数情况下是要区分单复数的，可数名词必须要以单数或者复数的形式在句子中使用。而另外一种不可数名词通常没有数的变化，只存在一种形式，在使用过程中也不会有词形的变化，比如 a pear、some pears、some sugar。而在汉语中，没有可数名词和不可数名词之分，当然也就没有数的变化，无论是表达单数概念还是复数概念，词形都不会发生任何改变。例如，一辆车与十辆车，一个苹果与一些苹果等。这个例子中的“车”和“苹果”都没有发生词形上的变化，表达单复数概念的时候只是变化了前边的数量词。

在英语中，可数名词与不可数名词的使用还有很多不同。对于可数名词，泛指限定词和数词可以直接放在可数名词之前，对其进行修饰和限定，如 an apple、a desk、another student。而对于不可数名词，这些泛指限定词和数词则不能直接放在不可数名词前进行限定和修饰，如 a water、five music，这两种修饰方法很明显是不正确的。如果数词直接修饰了不可数名词，那么这个不可数名词就变成了可数名词，多数情况下这个单词的意义就会发生变化，如 two coffees 表示的是两杯咖啡的意思。当然，不可数名词也可以有量的表达，只是在表达的时候需要借助于单位词，表达结构一般是“泛指限定词 / 数词 + 单位词 +of+ 名词”。例如，a cup of tea、six pieces of paper。此外，可数名词也可用在该结构中，同样是放在“of”之后，但是该词必须是可数名词的复数形式，例如，a bag of peaches 表达的是一袋桃子。而在汉语中，由于名词形式没有数的变化，所以数词或者数量词组一般都可以直接置于名词之前，对其进行修饰，如“一些建议”“十斤香蕉”“两种模式”，等等。

除了上述的这些以外，英语中一些表达模糊的或者不确定的数量关系，可以由可数名词的复数形式直接表达。而在汉语中，想要表达这种不确定的数量关系，则需要借助其他手段进行表达，如名词重叠方式、数量词组、带有数字的固定词组等。例如，①“Changes have happened to her since she worked.”②“在誓师大会上，一句句激励的话语使这些高考学子内心澎湃，斗志昂扬。”在这里句子①中的“changes”是复数形式，它表达的是“一些变化”或“许多变化”等。在汉语中没有这种词形变化。但是从句②来看，“一句句”就表达了复数意义，当然，在英语中也没有“一句句”这样的修饰方法，只能用复数形式来表达。

（二）构词对比

无论是在英语中还是在汉语中，词汇构成的方式都有很多种，这里主要选择“加缀法”进行对比。英、汉这两种语言中，都可以用添加前缀或者后缀的方式构成一个新的词汇。英语中的名词词缀数量众多，稳定性好，构词能力也十分强大。而汉语中的名词词缀数量相对较少，在稳定性和构词能力方面与英语相比也显得弱得多。在英语的名词词缀中，名词后缀的能力十分突出，有一类后缀只改变一个词在句子中的功能，而不会改变这个词的基本意义。这类后缀一般都是加在动词和形容词之后，如 -ment、-ness 等。以“kindness”为例进行简单分析，该词是由“kind”添加“-ness”后缀构成的。“kind”是形容词，可以在句子中作修饰语和补语；加后缀之后的“kindness”是名词，在句子中可以作主语、宾语，也可以作补语。这种的加缀法在汉语中是不存在的。

（三）语法功能对比

英语和汉语的名词的语法功能如表 2-1 所示。

表 2-1 英、汉语名词语法功能

语法功能	英语名词	汉语名词
主语	+	+
谓语	−	+
宾语	+	+
定语	+	+
状语	+	+
补语	+	+
同位语	+	+

由表 2-1 可以看出，英语名词在句子中不能作为谓语使用，但是汉语名词则可以作为谓语用在句子中。这也是英语和汉语在语法功能上最大的差异。例如，“今天是星期五”这个句子用汉语可表达成“今天星期五”；如果用英语表达，则是“Today is Friday”，而不能表达成“Today Friday”。但是在大多数情况下，在汉语句子中这种可以充当谓语的名词一般都是表示天气、籍贯或者时间之类的名词，并且这种句子一般在口语中使用，很少会用到书面语中。而且，作谓语的名词一般是名词短语、“的”字短语或者数量词短语，很少会出现单个名词作谓语的情况。例如，“我新来的”“小李中国人，丹尼美国人”等。

（四）修饰语对比

英语中，限定词、介词词组、形容词（形容词组）、名词（名词词组）、非限定动词词组都可以修饰名词。此外，英语中名词还可以接受从句或者其他主谓结构的修饰，但通常情况下不能接受副词的修饰。而在汉语中，名词、数量词词组、形容词、代词、动词和各种类型的短语等都可以修饰名词，但是名词同样不能接受副词的修饰。例如，“一本书”“我哥哥”等，都是正确表达。由此看来，在英语和汉语中，关于名词修饰语这一点，是基本相同的。但还有一点需要注意，在英语中修饰名词的修饰语可以放在该名词之前，也可以放在该名词之后。但是在汉语中，一般都是放在被修饰名词之前。此外，在英语中，定语从句或者同位语从句也可以修饰名词，且只能置于被修饰的名词之后。而在汉语中则没有这种现象。

三、动词对比

（一）语法意义对比

英语中，动词的语法意义可以分为六个语法范畴，分别是时、态、体、式/语气、人称和数。这六个语法范畴还分为动词本身的语法范畴和句子主语的语法范畴。其中，句子主语的语法范畴包括人称和数。动词本身的语法范畴包括时、态、体和式/语气，而且该范畴下还存在更具体的划分。例如，“体”可分为进行体和完成体，进行体还能再次细分为现在进行体和过去进行体，等等。每个不同的范畴都由不同的动词形态来表示，变化的形式也是十分复杂的。在使用过程中，一般都会涉及多个语法范畴。它们可以根据表达的需要，以不同的组合方式出现在句子中，从而使动词的形态变得更加复杂。在英语中，一个动词具有几十种不同的变化形式，每种形式都代表不同的意义，使用哪种形式是不能随意更改的。该用限定形式就不能用非限定形式，该用一般现在时就不能用一般过去时。

（二）造句作用对比

在用英语进行造句的时候要注意，一个分句通常至少包含一个主谓结构，而且必须由动词词组作谓语。因此，动词是英语造句的核心，除了感叹句以外，其他句子都不能缺少动词。成千上万的英语句子可以分为5种基本句型，分别是：主语+谓语、主语+系动词+补语、主语+谓语+宾语、主语+谓语+间接宾语+直接宾语、主语+谓语+宾语+补语。这样分类主要是因为谓语动词的特征和类别决定着句子的句型结构。而汉语在造句的时候以意合为主，作谓语的并不一定是动词，还可能是形容词、名词等。例如，“他勇敢得很”这句话中作谓语的就是形容词。

（三）及物性对比

关于动词的及物性，英语和汉语一般从两方面进行对比。一方面是在两种语言中，表示相同意思的动词是否为及物动词；另一方面是在这两种语言中，及物动词对宾语是否具有强制性要求。

英语中有些动词，既可用作及物动词，也可用作不及物动词。用作及物动词的时候，后面要接宾语。如果没有宾语，那么句子的意思则会表达得不完整。

相反，用作不及物动词时，后面则不能接宾语。但如果作不及物动词使用时，在语义上却指向某一事物，那么就与作及物动词使用时的意义没有什么太大的区别。例如：“My wife is shopping.”这句话中的“shopping”是作不及物动词使用的，但是从语义上来说“shopping”这个动作指向的是商品，与汉语中的“采购”“购”等及物动词相当。也就是说，翻译成汉语的话，“shopping”要用一个及物动词来表达同样的意思。

在汉语中，某些动词虽然是不及物动词，但是在语义上也同样指向某一事物，表达的意思与及物动词相当。例如：“我的讲话如有错误，敬请指正。”这个例句中的“指正”是不及物动词，但是从语义上来说却指向“错误”，相当于是英语的“point out and correct”。

此外，一般情况下，英语中要求及物动词必须带宾语，具有强制性；而在汉语中，则没有这种要求，所以汉语及物动词的宾语经常不出现。

四、形容词对比

（一）形容词作定语对比

在汉语和英语中，虽然形容词都可以作定语用来修饰名词，但是在使用过程中还是存在些许差别。首先是与被修饰名词之间的位置有所不同，其次是与被修饰名词之间的连接方式有所不同。

关于与被修饰名词之间的位置关系，英语中形容词修饰名词时，这个形容词不仅可以放在被修饰名词的前面，也可以用在被修饰名词的后面。而在汉语中，如果没有特殊的要求，形容词一般都是放在被修饰名词的前面的。这种规则也适合于形容词作名词修饰语的情况。

在与被修饰名词之间的连接方式上，英语形容词在修饰名词时，可以不借助任何辅助手段直接放在被修饰名词的前面或者后面使用。而汉语则不可以，汉语形容词在修饰名词时大多需要借助结构名词“的”，但是在“的”选择上又十分复杂。例如，“谦虚话”这种说法十分常见，而“谦虚人”这种说法几乎不存在，因为它不符合汉语的语法。一般都使用“谦虚的人”这种符合汉语语法的表达方式。

（二）形容词作补语对比

英语中形容词作补语的情况只出现在“主语 + 谓语 + 补语”和“主语 + 谓语 + 宾语 + 补语”这两种句型中。在句子中，补语的作用是补充说明主语或者宾语的性状或变化情况。而在汉语中，形容词作补语是对动作或状态进行补充说明的，放在动词或者形容词之后时，表示程度、结果等。英语和汉语形容词作补语时只是名称相同，功能上却大不一样，而且彼此之间没有对应句型。

英语的“主语 + 谓语 + 补语”句型中，补语的语义指向的是主语，补语是句子的信息中心，是对主语的性状或者变化情况进行说明的。当形容词或形容词组担任补语时，该英语句型与汉语的动词 + 形容词作补语的句型和形容词谓语句结构十分相似。例如，“The trees are green.”用汉语可以表达为“树绿了”（形容词谓语句，带“了”）。

再来看英语“主语 + 谓语 + 宾语 + 补语”句型。在这个句型中，补语的语义指向的是宾语，补语说明的是宾语的属类或者性状等，宾语和补语在逻辑上是主谓关系。在以形容词作补语的“主语 + 谓语 + 宾语 + 补语”结构中，动词一般是表“认为”“发现为”等意义的动词，这个句型与汉语主谓短语作宾语的句型和“把”字句十分类似。例如，“We consider Bob very capable.”该句中“consider”就是表“认为”“发现”的动词，翻译成汉语可以表达为“我们认为鲍勃很能干”（主谓短语作宾语）。

由此看来，英语形容词作补语的“主语 + 谓语 + 补语”和“主语 + 谓语 + 宾语 + 补语”句型可以分别转换为汉语形容词谓语句（补语）、动词 + 形容词 + 补语句和“把”字句、主谓短语作宾语的句子等。

反观汉语的形容词作补语时，在语义上指向极其复杂，其指向可以是句子的主语、宾语，也可以是谓语动词等。例如，“他给训惨了”这个句子中，“惨”指向的是主语“他”，表示结果。

上述各例可以说明，当汉语的形容词作补语时，基本不能在英语中找到稳定的与之对应的句型，只能根据汉语所表达出的意义，选用适当的英语表达方式来表示。

（三）形容词作状语对比

在英语中，形容词可以作评注性状语，用来发表评论或者表明看法，相当于分句的作用，但是不可以作修饰性状语，如“More remarkable still，she is in charge of the project.”，该句中的“More remarkable sill”就是作评注性状语，可译为“更加重要的是，她负责管理这个项目”。

在汉语中，形容词可以作描写性状语，直接修饰动词或者形容词，通常置于主语和谓语之间，如“李明经常早来晚走”。这个句子中“早”“晚”则可分别处理为英语中相应的副词，用来修饰谓语动词。将该句翻译成英语，可以表达为“Li Ming often comes early and leaves late”。

汉语形容词作状语译成英语时，往往可把作状语的汉语形容词译成英语的副词或其他性质的词组，如“孩子们规规矩矩地坐在那里，一动也不动”用英语可以表达为“Those children squarely sat still over there.”。

（四）形容词作主语和宾语对比

英语中的形容词不能直接作句子的主语或者宾语，但是在某个形容词之前加上定冠词“the”或者不定量限定词之后，这个形容词就获得了名词的一些特性，然后就可以在句子中充当主语或宾语了。例如，“I think the contrast between the very rich and the very poor in this country is disgusting.”。

汉语与英语不同的一点就在于汉语的形容词不仅可以直接作句子的主语和宾语，还可以与“的”构成“的”字短语，作句子的主语和宾语，但是形容词作主语或宾语的句子对谓语动词有着特殊的要求，主要是要求谓语动词是某些系词，如“是”“像”“使”一类表示致使意义的词和能愿动词等。例如，“勤劳是一种美德”。

综上所述，在英语中，形容词词组作句子的主语或宾语时，指的是某一类人或者物，等同于一个名词词组，在翻译成汉语时可以译为对应的汉语名词词组。而在汉语中，形容词作句子的主语或宾语时，通常表示的是某个抽象的概念，与英语中的形容词派生名词类似，在翻译过程中可以译成相应的英语名词。因此，上边两个例子可以分别翻译为“（我认为）这个国家穷人和富人之间反差如此之大，真让人难以接受。”和“Diligence is a kind of virtue.”。

五、副词对比

副词属于修饰语，其在句子中的作用是修饰动词、限制动词或形容词和补充说明等，一般都是用来说明动作行为或者性质状态的时间、频率、范围、程度或肯、否定情况等。下面从副词的构成、功能和位置三个方面对英汉语副词进行对比分析。

（一）构词对比

按照词的构成方式，英语副词可分为简单副词、合成副词、派生副词以及短语副词等；汉语副词可以分为单音节副词和双音节副词。在汉语双音节副词中，部分是由一个单音节副词加上一个词缀构成，如“差点儿”；部分为特殊的双音节副词，即叠音副词，如“明明”“偏偏”；部分为一般双音节副词，如“未必”“毅然”。在英语中，派生副词和简单副词占了整个英语副词的绝大部分，而且，无论是在口语中还是在书面语中，其使用频率都是最高的。据统计，在口语中，副词的使用率相对较高，超过了 60%；在书面语中它的使用率也超过了 30%。也有一些副词在书面语中的使用率高于口语中的使用率。现代汉语的语体色彩不如英语那么明显，在使用中，对意思相同的一组副词的选择主要是受音节和个人习惯的影响，同时也受到语言使用者和接受者的教育背景的影响。另外，英语的派生副词的词缀具有语法功能，是由于词在句子中位置关系的变化而在词根后添加词缀造成的，最常用的副词词缀是添加在形容词后的 -ly。相比之下，现代汉语不如英语那样有比较稳定的副词词缀；现代汉语副词的生成多是受音节的影响，主要是词语双音化现象产生的大量的双音节副词。

（二）语法功能对比

英汉语副词的语法功能基本是一致的，都可以作修饰语、状语和补语。这里主要对副词在英汉语中作补语进行对比。

首先，在英语中，副词作补语用来补充说明名词性词组或介词，主要出现在“主语 + 谓语 + 补语”和“主语 + 谓语 + 宾语 + 补语”两种基本句型结构以及“介词 + 副词”结构中。在汉语中，副词作补语是用来补充说明形容词或动词的。例如，“这小姑娘高兴得很”。

其次，英语中作介词补语的副词主要是表示时间和地点的副词。作主语补语和宾语补语的副词主要是表示状态或方向的副词。在汉语中，一般只有少数程度副词可作补语，常见的只有“很”“不得了”“要命”等。“要命”是口语，可以用在褒义形容词后，但在实际语言的使用中，“要命”要随便得多，在比较正式的场合，还是用“很”等较书面的词会比较好。

最后，英汉语中，副词作补语在语义上有很大差别。英语副词作补语，在语义上一般为词语的基本意义。作主语补语和宾语补语的副词往往具有动作意义，译成汉语一般为动词，作介词补语一般相当于汉语的时间名词或处所名词。汉语副词作补语，一般为程度补语，表示程度的加深，具有比较的作用，通常是一种修辞意义，即与副词的基本意义或多或少有些距离。

（三）位置对比

副词在句子中的位置跟它的句法功能密切相关。作为修饰语，在英语里副词一般位于被修饰词之前，也可以置于中心语之后，这些副词主要是一些表示地点和时间的副词；而汉语副词一般只能置于中心语之前。作为补语，英汉语副词均置于其补充说明的成分之后。作为状语，副词在英语里的位置相当自由，可以位于句首、句中和句末；相比之下，汉语副词要拘谨得多，只能位于句首和句中。而对于句中的副词，英语的副词的位置会比较自由，汉语副词的位置相对固定，处于主语和谓语之间。

六、介词对比

介词，作为一种虚词在英汉语中都极为活跃、用法非常复杂。二者之间最根本的共同点是不能独立担任句子成分，一般需要后跟一个语言单位，构成介词词组，在句子中担任一定的句法成分。而最大的差异则是英语介词的意义一般非常丰富（尤其是简单介词），搭配灵活多样。

（一）语法功能对比

英语介词词组在句子中可以担任状语、名词修饰语、主语、补语和介词宾语；汉语介词词组在句子中可作主语、状语、补语、宾语和名词修饰语。这里只对英汉语介词词组作状语和名词修饰语进行对比讨论。

1. 作状语对比

英汉语介词词组作状语，都可以修饰谓语和整个句子。但是，在与被修饰部分的位置关系上，英汉语介词词组存在差异。英语中，介词词组的位置有句首、句中和句末三种。介词词组采取哪个位置与它担任什么样的状语、新旧信息的交替和语篇的衔接与连贯等相关。当介词词组修饰谓语动词时，一般位于句末；当介词词组比较短小时，可位于句中；当介词词组修饰句子时，通常位于句首。为了强调、突出状语，也可采取放在句首的方式，但是不能用逗号把它和主语分开。当介词短语为旧信息承接上文，起强化语篇的形式衔接作用时，介词短语一般位于句首。而汉语的介词词组只有位于句首和句中两种，而且处于句中位置的介词词组要紧靠它所修饰的谓语词组。

2. 作名词修饰语对比

英汉语介词词组都可以作名词修饰语，不过英语中介词词组置于被修饰词之后，汉语介词词组置于被修饰词之前，而且需要使用助词“的”与被修饰词连接起来。英汉语介词词组作状语和定语的位置差异，在英汉互译中的直接意义是，在进行两种语言的相互转换时，可对作状语、定语用的介词词组分别按照汉语或英语的修饰习惯，改变其位置关系。

（二）介词搭配对比

在英语中，介词的搭配不仅范围广、能力强，而且用法也十分复杂，很难对其做出比较具体的规定。这种情况的主要原因是英语中的介词，特别是简单介词，一般都是多义词，而且每一种意义都只能在具体搭配中显现出来，并且这种搭配一般都是固定的。此外，英语的介词是一种连接手段，具有强制性的特点。如果随意省略介词的话，就会出现句子语法不通的现象。与英语相比，汉语介词的用法或词义等就相对简单了。在汉语中，很多情况下都可以将介词省略，而且不影响句子意义的表达。

从介词词组的构成看，英汉语介词后都以跟名词性词 / 词组，构成介词词组。不同的是，英语动词充当介词宾语必须以非限定动词词组的形式出现。汉语由于没有形态变化，动词词组可直接作介词宾语，构成介词词组。英语介词后可跟分句和副词作宾语，汉语则不可以。另外，英语介词 + 名词可以构成固定搭配，汉语没有类似的固定短语。这些固定搭配的短语只能靠在学习过程中积累并且熟记，不是简单地制定几条规则就可以解决的。

介词之前的词语搭配更加显示出英语介词搭配范围广、搭配能力强的特点。汉语介词则不存在这种搭配。首先是动词与介词的搭配，从动词 + 介词的稳定性看，动词 + 介词搭配分两种情况。第一，有些搭配已经凝结为固定短语，其作用相当于一个动词。这类短语的意义一般不能从字面上进行理解，而是有其固定的词义。在使用中，人们已经把它视为一个词，中间不能插入其他词语，不能进行拆分。这样的短语很多，如 abide by、look after，等等。第二，其余的虽然没有固定下来形成固定短语，但是动词和介词也不是随意组合的，一个介词可以跟在不同的动词后面，一个动词也可以跟不同的介词，这主要是习惯使然，在学习过程中，只有注意积累，把它们当作新词新语逐个来学习。其次，大部分的形容词都可以和特定介词搭配，构成形容词词组，与动词 + 介词搭配类似，同一个形容词可以和不同的介词搭配，表示不同的意义。最后，名词也可以和介词搭配使用，大多数名词后跟的介词与同源动词或同源形容词所跟的介词相同。

七、词类转化对比

英汉语中都有这样的情况：不改变词的形态特征，不添加词缀，但是词的词类会发生改变。因为英语属形态语，有很多构词法，如缀合法和复合法，也就是说，英语中的词转换功能多通过加后缀实现，所以不改变词形而转换功能就显得极为突出与特别，是英语的主要构词法之一。但汉语是根词语，无形态变化，自古以来词都没有通过改变形式而转换功能使用的情况，所以转类在汉语中并不被认为是构词法。

转类一般是在名词、动词和形容词三种词类之间进行的，其中最普遍的是名词和动词之间的转化。转化涉及源词和目标词，即新词从何转化而来。汉语中判断一个词的源词往往不那么容易，因为词典中一般没有标注，只能靠人们的词汇知识和语感进行判断，如“困难”究竟名词为源还是形容词为源，我们很难判断。不过可以肯定的是，常用功能通常排列在前，如“锁”有5个义项，第一个义项是名词义，第二个义项是动词义，就是说“锁”的源词是名词，动词功能是转化而来的。相比而言，英语中的源词就容易确定多了，因为大多数词典都将不同功能的词分条目列出，将最常见的功能排列在前，所以一般排在最前面的就是源词的词性。

转换虽然主要在名词、动词、形容词之间进行，但是两种语言中此多彼少、此有彼无的现象很多，如汉语中的量词转化在英语中空缺，英语中的小品词、短语动词、情态动词、语法形态词等的转换在汉语中空缺。总而言之，词类转化是英汉语中共有的现象，但是其在两种语言中的作用和地位是难以相比的。接下来笔者将重点讲解形容词和动词向名词转化在英汉语言中的对比。

（一）形容词向名词转化对比

无论在汉语中还是在英语中，形容词转化为名词都没有动词转化为名词普遍。汉语中形容词转化成名词时没有任何形式上的变化，如轻松、困难等。英语中的普通形容词和分词都可转化为名词，如 a black（黑人）、young marrieds（年轻夫妇）等。这些转化而成的名词在使用时与普通的名词并无区别，这就是完全转化。也有一些形容词可以通过前面加定冠词而成为名词，如 the rich（富人）、the wounded（伤员）等。这些词虽然起着名词的作用，但是仍保留了形容词的特征。除此之外，英语中的介词、连词和情态动词也可以转化成名词。汉语中只有在很特殊的情况下才可以将连词用作名词。

（二）动词向名词转化对比

名词和动词之间的转化是词类转化中最普遍的一种。笔者这里从行为动词和感官动词的转化进行对比研究。首先，行为动词转化的名词可以表示“事件、活动”“方式”“结果”“材料、工具”和“场所、地点”等。例如，英语的 find：“She wants to find the truth.（她想找到真相。）”“an important find（重要的发现）”；汉语的包：“他们在包什么东西”“请收好这个包”。其次，感官动词转化的名词表示“心境、状态”等。例如，英语的 love：“love him（爱他）”“my love for him（对他的爱）”；汉语的思考：“慢慢思考”“这个想法欠思考”。

由此可见，英汉语中动词转化成名词是可以一一对应的。不同的是，英语中的词形相同，转化后意义不完全相同；而汉语的词形词义都完全一致。值得再次指出的是，因为汉语中一般不把转类看作构词，又缺乏形态标志，所以源词的确定比较困难，而英语就容易很多。

英语中有动词 + 小品词构成的短语动词，这类动词也可以转化为名词。它的转化形式有两种：一是逆序转化，即将两个词的顺序颠倒并合并为一个词，如 outcome（come out 结果是）、outbreak（break out 爆发）、downfall（fall down 倒塌）等；二是不改变语序，将两词合并或中间加连字符即可，如 showoff（爱炫耀者）、handout（散发的印刷物）、standby（可信赖的人）等。汉语中虽然也有“动词 + 副词”和“副词 + 动词”构成的名词，但是它们是由两个词素构成的，因此不能算转类。

第三节　英汉词义对比

一、词义的意义及特征

（一）词义的意义

词义指词或者某一固定词组所包含的意义。词义的产生与发展有其自身独特的规律。一个词最开始出现的时候一般都是单义的，只是某种事物、行为或现象等的名称。随着社会的发展和文化的流转，词义也受到了各种因素的影响，进而发生引申、转移、缩小、扩展等变化，使得词义的范围出现明显的收放性，词义也在不断地变化发展。

词义往往受语言具体使用环境的影响和制约，衍生出多种意义，基本可以分为两个大类：词汇意义（lexical meaning）和语法意义（grammatical meaning）。

词汇意义是指词语依赖非语言观念所表达的内涵意义，即词语的本义（词的最初的含义）和引申意义（依据词的本义与其他事物、现象和行为的相关性所衍生的含义）。例如，摇篮：①本义——婴儿的卧具。比如，“孩子在摇篮里睡得很熟”（The child slept soundly in her cradle.）。②引申义——起源地或者发祥地。比如，“延安是中国革命的摇篮”（Yan an is identified as the cradle of China revolution.）。

语法意义是指词语依赖于其在具体句子环境中所表现的功能形式和作用所体现的含义，包括词语的语法合法性。词语在上下文语境中所表现的情感意义、联想意义、社会意义、文化意义等。

（二）词义的特征

词义实际上就是词的内容，是主体对某些客观事物或现象的主观反映，同时也包含人们对客观事物的功能、特点和性质等的认识。根据现实需要，词义表现出了多种特征。

1. 概括性

词义是对各种现实现象的概括性反映。人们要对各种各样的事物和现象有一定程度的认知，就要对这些事物或者现象进行分类，然后根据性状特征、范畴等，用词语对这些事物或者现象加以命名，从而可以更加清晰地区分彼此。词义通常情况下是对某一类客观对象的反映，在反映的过程中，它要舍弃与它同类的客观对象中不同个体的具体特征。比如，“鸟是脊椎动物中的一纲，卵生，体温恒定，没有牙齿，全身布满羽毛，胸部有突起的龙骨，前肢演变成翼，后肢可以行走。大多数鸟都会飞，也有因前肢退化而不能飞行的”。这个定义概括性地反映了所有鸟都具有的一些共同特征。这些特征可以用来区分鸟和其他动物。根据鸟的习性、颜色、大小等特点，还可以将鸟进一步细分，如体型小的麻雀、燕子，体型大的鸵鸟、鹰，家养的鸡、鸭等。

2. 模糊性

词义的模糊性是指词义在对事物或现象等进行概括反映时，界限划分不明显，而且反映到语言系统中的词义与主体的主观表达和客观实际之间也有一定的距离。下面以“美”为例，在概括“美”时就无法精确划定界限，因为每个人或时代对“美”的衡量标准都不同，而且对“美”的认识也有所不同，所以“美”自身就存在一定的模糊性。例如，在唐代是以“丰满”为美，而现代却是以“苗条”为美；有些人认为越白越美，但是有些人偏偏认为小麦肤色更加好看。

3. 客观性

词义是对客观事物或现象的反映，不能由人主观臆造，其形成的基础是事物的客观存在，因此，词义具有客观性的特点。词义的来源主要有两个方面，一方面是人类与客观世界的联系，另一方面是持有某种语言的群体对词义进行的共同约定。

4. 民族性

词义的民族性源自语言和文化相互融合的过程，指的是词义中融进的民族个性。不同的民族都有各自的语言符号、思维方式和文化背景等，这些都直接影响着他们用语言标记客观事物或现象的过程，也决定了词义反映的是不同民族所特有的心理文化和社会文化等。不同民族之间词义的差异主要表现在用不同数量的词概括相同的事物以及现象，或者用不同的语言单位概括相同的事物以及现象等。例如，中国人对茶的分类标准就有多种，按发酵程度可分为“绿茶”“白茶”“黄茶”等；按时间可分为“春茶”和“秋茶”。而日本对茶的分类一般都是按照制作方法和茶叶的部位来划分的，如“抹茶”“煎茶”“茎茶”等。中国主要是区分茶的种类，而日本基本以“绿茶”为主，他们主要是对绿茶进行分类。

二、英汉词义的特点对比

汉语的词义相对严谨，词的含义范围也相对较窄且精确固定。与英语相比，汉语中词的意义对前后文的依赖性比较小，词义的独立性比较大，但是词义的伸缩性和变化性比较小。汉语词义之所以有这样的特点，其原因是中国历史悠久，源远流长，汉语作为中国的语言，有着特殊的民族传统和历史文化背景。在用词上，汉语讲究的是词义的严谨、规范、精确。中国历代名家都主张“名正言实”，反对词义游移，倡导汉语规范化。他们对汉语词义变得精确、严谨等做出了重要贡献。与英语表达的抽象相对，汉语用语更加具体，表达虚的概念的时候，常常用实的形式，习惯用具体的形象表达抽象的内容，给人一种“实”“明”“直”“显”的感觉。汉语缺乏像英语那样的词缀虚化手段，是形成这一特点的原因。但是，较之英语，汉语动词占优势，而且汉语还有丰富且带有鲜明形象的量词，如“一线希望”表示希望之微，“一己之见”表示见识之浅，“一寸相思一寸灰”表示感情深，“一江离恨一江愁”表示离别之苦，“一串欢笑”表示内心的欢乐等。即使日常生活中，一丝关怀，一句问候，甚至一声对不起，都能使人感到温暖满心头。

从词义上而言，英语比汉语更加灵活，词的含义范围也比较广。因此与汉语相比，英语中的词义对前后文的依赖较大，词义的独立性也相对较小。在英语中，“parent”一词，既可以是“父亲”，也可以是“母亲”。例如：“I'm a young teacher with no experience as a parent，but I have a suggestion for the parents.”。说这句话的人既可以是男性，又可以是女性。英语的可塑性和适应性都比较强。在很大程度上，英语的词义是根据词的联立关系而确定的。词的联立关系不一样，词的含义就会不同。另外值得一提的一点是，英语表达比较抽象，主要是因为英语会在句子中使用很多抽象名词。这种名词含义抽象笼统，往往给人一种“虚”“暗”“曲”“隐”的感觉。丰富的虚化手段是英语中抽象名词多的重要原因，虚化手段中最主要的是有虚化功能的词缀，尤其是后缀，比如，“-ness”“-tion”“-ship”“-dom”“-th”等，表示抽象的性质、状态、程度、特征、身份、技能等含义。另外，英语中介词比较多，而且运用十分灵活，表达的含义也特别广泛。介词还可有构成多种介词短语，它的意义经常会让人难以捉摸。

上述是英语和汉语的词义特点的对比。词汇是语言的基本构成单位，一定会反映语言所承载的文化特征和民族特点。词义也因此受到影响，产生各种不同。在不同的社会文化背景下，英语和汉语在词义上存在多种差异，如词义的缺位现象、错位现象、宽窄程度不同等。

三、词义的缺位现象对比

英语和汉语产生的背景不同，发展的环境也不同，因此，对事物或现象的概念表述也会有些许不同，从而出现词义的缺位现象。词义缺位现象的影响因素也有很多种，下面会进行简单的论述。

（一）地域环境因素

地域环境决定着生物的生存种类，地形、气候等因素又影响着地域环境，因此，地形、气候等因素也影响到了人的生活条件或生活习惯等。例如，中国所产的“核桃”“板栗”等坚果，在英语中就没有相应的事物，所以在语言表达上也就没有对应的词汇，进而产生了缺位现象。英语往往是用“Chinese chestnut”来统一指代这类坚果。又如，中国的“瓜子”种类繁多，有西瓜子、南瓜子、葵花子，等等。这些词在英语中也存在缺位现象，英语常常用“melon seeds”这一个词来表示这些“瓜子”，这种表达方式显然不够准确。

（二）民族风貌因素

一个民族的生活环境和其生活方式之间有着十分密切的联系，民族习惯的形成一般是调整、适应生活环境的固化结果。例如，西方人习惯用玻璃瓶盛酒，用高脚玻璃杯喝酒，通常是倒满酒杯的三分之一，然后一口饮尽。而中国人习惯用酒壶盛酒，用陶瓷或者金银制品的酒杯喝酒，一般倒满酒杯的三分之二。因此，像“酒壶”这种词在英语中也产生了缺位现象，“酒杯”的表达方式也有所不同。

（三）历史文化因素

每个民族的历史文化会因其发展历程的不同而产生显著差异。如果这种现象反映在语言上，就会产生词义的缺位现象。例如，在中国，家族是很重要的存在，因而大多数中国家族都会建立一个祠堂来供奉祖先，而在英语国家中就没有这种家族祠堂文化，所以“宗祠”这个词在英语中就处在缺位状态。英语一般将“宗祠”表达为“ancestral hall”或“ancestral temple”，很显然这两种表达方法都不够确切。

（四）概念因素

对于概念的表现，汉语比较概括，而英语比较具体，因此，经常会出现上下义对应缺位的现象。例如，汉语中有“笔”这种表达方式，它处于上义位。它的下义项可以分为铅笔、毛笔、钢笔等。但是在英语中就没有“笔”这种表达，只有具体的下义项：pen（钢笔）、ball pen（圆珠笔），等等。这就出现了上义缺位现象。

四、词义的错位现象对比

词义错位就是在两种语言之间上义词和下义词不对称。例如，西方文化一般都是以科学文化为基础的，因此他们强调的是人的生物属性，将人看作动物的一种；而中国文化是以人文文化为基础的，所以中国强调的是人的伦理属性，将人和动物做了区分，从而在英语和汉语中出现了上下义的分析差异。因而在翻译“人和动物是不同的”这句话时，要译为“Man is different from other animals.”才比较确切，因为这种译法可以克服词义错位带来的影响。

五、词义的宽窄程度对比

英语和汉语的文化背景不同，所以词义经常会出现多对一或者一对多的关系，这就是词义的宽窄程度的不同。宽窄程度不同一般分为两个方面，一方面是汉宽英窄，两种语言的上下义词完整但表达习惯不同、英语上义词缺位或者汉语只有上义词的情况下会出现这种现象，如“羊”对应“sheep”“goat”。另一方面是英宽汉窄，这种现象基本上在英语只有上义词或者汉语只有下义词的情况下出现，如“brother”对应“哥哥”和“弟弟”；“marry”对应“娶”和“嫁”，等等。

六、词义的内涵对比

在任何语言中都存在词义的一对多与多对一现象，但是，每个词所表达的具体内涵存在显著差异。比如，在英语里的“fry”对应汉语中的“煎、炒、炸、煸、炝”等词汇，但是，在中国饮食文化中，每个词所表现的具体炒菜的技法不同。

第三章　英汉语言的句法对比

句子是指词或者词组在一定的顺序和法则之下进行排列组合，同时还能表达出基本完整的意思的语言单位。英汉这两种语言在句子层面来说，问题是较为复杂的。本章将分为英汉句子结构对比、英汉句子语序对比和英汉句式对比三个方面。

第一节　英汉句子结构对比

一、主语显著与主题显著

（一）英语的主语显著

动词是英语句子的核心所在，所以按照动词的类型是能够对英语句式进行主要划分的。现代英语基于动词类型可以被分成五种基本句型：①“Fish swim.”（SV）；②“He is rich.”（SVP）；③“He dug a hole.”（SVO）；④“He gave me a book.”（SVOO）；⑤“He asked me to help him.”（SVOC）。

从以上几例我们不难看出，组成英语句子的主要纲领是主谓结构，排除一些少数省略的特殊情况，主语在句子中一定是必不可少的，即使起不到很大的作用也能够做到统领全局。并且，主语在句子各成分中的使用频率也是最高的。在分析英语的语言结构时是离不开 SV 结构的，由此就能看出在英语句子中，主语是非常重要的存在。关于英语主语的功能与特点，有以下说法。

第一，主语在所有的英语疑问句以及陈述句中都必须存在，哪怕是在无法讲出行为者的情况下，也要将形式主语 it 加进去。例如：

① It is raining hard.

② It is warm here.

英语中，“It”这一形式主语是有着广泛应用的，其代表着英语主语的重要价值。在语义上将英语主语分类，可以分为施事主语、受事主语、主题主语和形式主语这四种。

四种类型中，施事主语与受事主语是真正语义上的主语。主题主语应该视为主题，它不是施动者，也不是受动者，句子的目的是对主语进行某种判断。至于形式主语，也仅仅只是形式主语，许多情况下它本身没有什么所指，但是在形式上又不可缺少。例如，汉语“是我的错”，就必须译成“It’ s my fault.”，这再次说明了英语主语的不可或缺性。“it”作为形式主语还有其重要的替代功能。英语句子结构偏好主语简短，谓语较长，这是其组句的规律之一，其目的是使句子结构形成一个头轻脚重的正三角形，所以，如果出现由较长的短语或是从句来充当主语时，英美人习惯将其后移，用“it”作形式主语。例如：

I know it is difficult for you to persuade him out of the plan.

译文：我知道你要说服他放弃那个计划是很困难的。

由此可见“it”这个形式主语可以发挥两个作用：其一，使英语句子形态完整；其二，使句子能保持平衡，避免“头重脚轻”的结构。因为“头重脚轻”违反了英语的表达习惯。

第二，主语是谓语描述的对象，位置在句首，在句中占据重要的位置。

第三，动词的数是由主语决定的，并且主语还能够决定谓语动词中的其他形态变化。如此一来，其就成了英语 SV（主谓）句法构架中的核心所在。

第四，所有的主语必须是名词性的，这一点与汉语有很大的不同。其他词类要作主语，必须通过构词变化，变成名词。例如，“幸福不会从天降”，英语译文中“happy”不能作主语，要变成“happiness”，译成“Happiness will not fall from the heaven.”。再如，“写诗是他的爱好”，译文中“write”不能作主语，要改为“writing poems”，译为“Writing poems is his favourite.”。实际上，这句话更适合译成“He likes to write poems.”。此外，英语句中的各个成分也是按照和主语关系的远近程度来决定排列顺序的。

句中主语以外各成分的先后顺序，是要按照它们与主语关系的紧密程度和对主语的重要性而定的。首先是行为，因为它直接由主语施加，接着是客体它是行为的承受者，主语活动的直接对象。其次是行为标记，它附在行为上，具有非强制性和不稳定性，与主语的关系较为松散，因而位置稍后。最后是行为环境，环境是客观存在，既不隶属行为，也不隶属主体，所以与主语的关系更远，故而置于句末。由此可见英语主语对整个句子结构的确有着“牵一发而动全身”的作用。

第五，谈及英语的主语，还必须指出其另外一个重要特点，也就是“非人称主语”，或是英语主语的物称倾向。非人称主语基本可以分成两种。第一种类型指的是一些英语句子的主语经常会运用内心感觉、抽象概念、时间地点与事物名称等方式。例如：

Excitement deprived me of all power of utterance.

译文：我兴奋得什么话也说不出来。

英语非人称主语的第二种类型是使用“it”这个小词，它经常用作先行词来代替实际的主语或宾语。例如：

It never occurred to me that she was so dishonest.

译文：我没有想到她这么不老实。

以上各例，在原文中使用的几乎都是抽象名词或非人称主语，以及虚位主语“it”，且翻译之后用到的完全是人称主语。这就能够看出，英语在选择主语时喜欢用物称，而汉语在选择主语时则喜欢人称，并且这也是英、汉语的一个重要差异。通过对以上各例原文与译文的比较，中国学生会得到有益的启发，即在写作与翻译时，善于应用非人称主语，可以有效地防止“汉语腔”的英语。

（二）汉语的主题显著

在上节的分析中，我们看到主语在英语中占据很重要的地位，并且英语句子结构中非常普遍的一个形式就是主谓结构。这种与英语相似的结构在汉语中也是可以找到的，其形成的即是行为者和行为的关系。我们也由此能够在传统汉语句型的功能分析之中，找出同英语句型交叉的地方。汉语的句型中，主谓句是主要类别之一，其中包含了下列几种简单句型（括号里表示的是相应的英语句型）。

第一，（SV）主＋谓。例如，鲁迅，绍兴人（Lu Xun is from Shaoxing.）。

第二，（SVP）主＋谓＋宾（表）。例如，①鲁迅是绍兴人；②那个女孩是很可爱。

第三，（SV）主＋谓＋状语。例如，他回来了（He has come back.）。

第四，（SVO）主＋谓＋宾。例如，他打破了那个杯子（He broke the cup.）。

第五，（SVOC）兼语式。例如，他要我投寄这封信（He asked me to post this letter .）。

第六，（SVOO）主＋谓＋双宾。例如，李老师教我们地理（Mr. Li teaches us geography.）。

但是在汉英翻译练习时，学习者会遇到这样的句子，如“今天食堂吃面条”，以及“吃食堂味道不好”，这些说法在汉语中都是成立的，是可以这样用的，但是如果放到英语中则不能达到其语法规则的要求。

动词是英语句子的中心，如果没有动词存在那么就不能说是句子，所以也就会出现将形容词、名词或是主谓结构作为谓语的三分句型存在。而汉语则不然，其是两分的，主要是围绕主题进行“积字成句”，充当主题与述语部分的可以是形容词、名词、动词以及从句形式的任何一个，它们在使用时相当随意。这两种句型在区分方面是非常好区分的，因为一般情况下，一个句型在汉语中是特殊存在的，那么它在英语中就不会存在，或者是正好相反。

汉语句子被现代的汉学家给分成了两部分，即主题（Theme）再加上述语（Rheme）就成了句子，同时主题、述语又可充当为形容词、名词、从句与动词形式，从而构成两种句型，那就是主题结构和述语结构。

这与在传统中把句子分成主谓句、非主谓句两种是有区别的。主谓句是基于主、谓、宾的基本单位所形成的理论，但是在论述谓语或述语的范畴上是相同的。也就是说，可以将句子分成动词谓语句、名词谓语句、主谓谓语句和形容词谓语句。若是在英语的句子结构中，将主语、谓语看作两个栋梁，从而来稳定框架，那么对于汉语的句子结构来说，话题和评论就是其中的两个栋梁，同时也正好突出了主题中语言的特点。

（三）翻译中主语问题的处理

前面讲了汉英语基本句型结构特点，也进行了对比。主语问题的处理在汉译英的过程中很重要，所以，首先讨论汉译英中的主语问题，如果要讲主语在翻译中的问题，在汉英语中最为本质的区别有二。其一是英语句子的主轴为主谓，核心为动词谓语，无论是何种句型都需要有主语。但在汉语句子中，主语呈现的是两极状态，可以没有，也可以有多个。没有主语的句子就是无主句，多个主语就是套叠主语，或是大小主语。在没有主语的情况下，英译的过程中要学会对主语进行增补，遇到多主语的情况则要对其中一个进行选择。其二，就是英语中只有名词，或者具有名词性质的词语才能成为主语，而汉语的主语，在不包含名词的情况下，形容词、动词、介词短语和主谓结构等，这些都可以作为主语存在，这就使得翻译时产生一个转换的问题。汉译英时，汉语的非名词主语要转换成名词性的词语，甚至有时要在句中另找一个合适的主语，这点上来说就是选择主语的问题了。按照不同本质在两种语言中的不同作用，在对主语进行确定时，汉译英就显得非常重要了。接下来笔者将提出翻译汉语主题结构的几种方法。

1. 增译法

（1）增加主题主语或语法主语

在汉语中经常会存在省略主题主语，或是语法主语的情况，但是在具体的语境之中，其含义还是能非常清楚地表达出来的。但是，也有学者指出，相较于很多其他语言来说，英语有着一种非常明确的，能够对主题主语、语法主语进行识别的趋势。这也就代表了，处在主题结构中的英语主题主语与语法主语等应体现得一清二楚。所以，在进行英文翻译时，一定要加上主题主语和语法主语。

（2）增加词语

因为汉语重视意合，在主题和述题中各个成分的结合，大多是凭借语义上的贯通和语境上的衬托；而英语的句法结构则对形合非常重视，因此其讲求的是有严谨的逻辑和完整的形式，在句子中各个成分的结合，基本上为了显示结构关系都会去使用适当的词语。所以进行英译时，一定要加上如关系词、连接词语等与英语句子结构相符合的适当词语，并且把主题向定语、状语或是其他成分的方向转换。

（3）增加隐含信息

汉语语言的特点就是存在一定的隐含性与模糊性，因此，在汉译英过程中，应当对汉语所要表达的意义进行明确，从而增加隐含信息。当汉语主题连接起与述题有关联的副词，那其言外之意就能表达得非常清楚了。也就是说本来原文中含有这个意思，所以在翻译为英文时应该加上这段隐含的意思，不然就会让人不知道这句话所要表达的意思。

2. 转换法

汉语句子的主题部分除了是语法成分外，同时也具有语用功能，所以在很多情况下，都要将主题翻译为英语句子成分，且应和语用功能相对应，并且在必要的情况下，翻译时应当转换句子结构。其实，很多的汉语主题句都是不能将其翻译为完全结构相同的英语句子的。同时，转换结构中最为注重的，常常是明确英语句子中哪一部分需要主题部分进行转换，或者是应转换为英译句子所明确的合适主语。下面便是几种结构的转换方法。

（1）将主题向抽象名词或名词化短语作主语的句子转换

汉语中各个类型的词语都可以作为主语存在，但如果是作为英语主语，则有着相当严格的语法要求，并且只能由名词或者是有着名词语法功能的语言单位来担任。比如，可以将汉语句子中的动宾短语向英语中的名词短语转换，或者是将动词短语向不定式短语作主语转换等。在经过了类似的转换之后会使翻译出的意思更加贴近原文，而且还与语法规则相符合。

（2）将主题向成分句或完整的句子转换

如果说汉语的主题部分有相对复杂的结构，又或者其本身就是一个句子，那么在翻译时，就可以将其转化为英语的分句，以及一个完整的句子来表达其意义。若是汉语的主题部分是多个形容词进行修饰的名词短语，那么如果按照实际逐字进行翻译的话就会让译文变得过于复杂，但如果是译成分句就会更加一目了然，并且分句会使句子的结构更加紧凑，也更贴近于英语表达的习惯。

（3）将主题转换成宾语

汉语中有主题—主语—动词（TSV）结构的句子基本都能够向着英语 SVO 语句进行转换，而相应地，主题就会变为介词的宾语，或是谓语动词的宾语。例如，对她的家庭我一无所知（I know nothing about her family.）。

二、动态与静态

对于世界上的任何语言来说，无论存在多少种句型，都能将其归为两种，即动态与静态。之所以这样分类的原因，就是这是属于客观现实的事件，人们可以从静态和动态两方面分别进行表述。总之，名词被定为“静态”是自然所趋，因为其所指的实体不管是抽象名词还是物质名词都是相对稳定的。反之，动词被定为“动态”也是自然所趋。动态适用于表示活动、动作、变化或是暂时的情况。

（一）英语的静态倾向表现

1. 名词表动作

英语中会常常将动词换成有动作和行为意义的普通名词，许多名词都是由动词所派生出来的，不但代表着施事者，还对之前动词的意义有所保留，这一类的名词经常会同前置形容词一起来构成静态结构。例如：

My admiration for him grew more.

译文：我对他越来越钦佩。

英语中有时都不会出现动作性名词，而只是包括可能会发生的动作状态的词汇存在，在汉译这些句子时需要进行词类转换，或是添加一些比较恰当的动词，以此来对汉语的动态特征进行体现。

2. 名词优势造成介词优势

英美许多的语言学家都对英语过分对使用名词的习惯进行过研究。使用名词的次数多了，那么介词也就自然地随之增多。并且，充满着生气与活力的动词就会逐渐减少，动词被弱化的形式也随之增加，这就使英语的静态倾向更加明显。例如：

①居于首位：before everything；

②淋着雨：in the rain；

③朝南：toward the south；

④超出我的能力：beyond my ability；

⑤古往今来：through the ages。

3. 虚化动词

虚化动词一般都是多义动词，比如 make、get、do、find 等，在句子中的这些词是用来作谓语的，但在词汇意义上说是进行了削弱的，句子中整体的中心含义的表示则是在其之后的动作性名词。从语法上来说，动作性名词是作宾语使用的，但从逻辑意义上说，则是作为谓语动词而存在的。

在以上阐述中，我们不难看出，母语是英语的人经常会在描述动作时使用名词，特别是在政论性与科技的文章之中。而大量出现的介词短语、名词性短语，弱化与虚化动词的出现，将使得英语呈现出静态特征。

（二）汉语的动态倾向表现

1. 汉语中的动词连用是常见现象

在现代汉语中，句子不是局限于只能使用一个动词，而是几个动词能连续使用，也就是所谓的“动词连用”，这一方法也作为显著特征存在于现代汉语句法之中。大量动词涌现在汉语句子中而不会引起动词臃肿和混乱，原因即在于汉语动词没有曲折的形态变化，形态十分稳定，使用时不受形态的限制，比较方便。而且每个动作均先后有序，非但没有让人眼花缭乱，还使人读来如水流汩汩，脉络清楚。

2. 动词（词组）可以充当汉语句子的各种成分

在中国哲学中，觉得“动而成象则静”；而在汉语中，动词在事物性的位置上出现即为动而成象，如“鱼吃跳，鸡吃叫”“来就好”“打也没有用”。很多双音动词在汉语中是为了能够变修饰语而将宾语前置的，而其自身则将事物化为中心语。比如，可以将“安排日程”转换为“日程安排”，后面出现的安排已经从动态变为了静态，且其是在中心语的位置上，“动”已然成了“象”。因此，汉语动词中的这种功能弹性能够使得部分词组不用改变形式就可以充当句子的各项成分，如兼语式词组、连动式词组等。

（三）汉英翻译中的动静转换

前面已经提到过，汉语注重的是动词，而英语则注重名词和介词。所以，在某种情况下，汉语中的动词要遵守英语的修辞特点，进行词性间的转换，也就是由动词转化成介词和名词，从而让译文更合乎英语的句法规律，同时也能显得更有文采、更地道。

1. 动词转换成介词

汉语当中的介词相对贫乏，其使用的频率也相对较少，不管是从词汇意义、语法功能的范围还是变化上说，英语介词都是要比汉语介词活跃的。虽然英语的介词是虚词，但其也是构成英语句子、文章的重要纽带，且有着十分重要的作用。同时，英语介词的词汇意义可以说非常丰富，尤其是其能够体现出汉语常用动词所表达的概念。因此，动词在汉译英时经常被转换为介词，如“我们上同一个学校”可以翻译为“We are in the same school.”；也会被转换为带有介词的习惯用语，如“他在用膳”可以翻译为“He is at the table.”。

汉语句子中的各个成分，如谓语、主语、定语、宾语等，都可以用汉语动词进行表示，且一个句子的谓语可以用两个或更多动词进行表示，且其他关联的词语也不需要在动词间出现，这一结构可分为两种，即兼语式和流动式，总结起来则可称之为谓语结构。在现代汉语的句法中，动词连用是其中比较显著的特点之一，并且其会尽量对关系词进行省略，目的是达到动词突出和集中的效果，这类句子结构可以将其称之为具有时间性的动态结构。然而，在英语句子之中，除了并列句的动词谓语之外，都只能存在一个定式动词。英语句子更多地使用能够表现英语“静态”特色的，如形容词、名词、介词以及非限定动词等句法方式和词汇方法，防止造成某些关系复杂且形象臃肿的句子，或是从句中套着从句的结构，从而让语言变得简洁、精炼和多样化起来，其意义也将会更加完整。

所以，在用英语翻译汉语中的多动词句子时，最先要做的就是对主要动词的确定，同时谓语动词要和主语形成 SV 主干，从而形成全句的中心，其他的动词则有的可以作为次要动词去实现词性间的转换，或是翻译成从句以及非限定的动词形式，有的还可以在翻译时进行省略，通过与英语相关的各种关系手段与关系词，在句子的主干上进行嫁接，最终构成一个空间立体的布局，其语义也会更加分明。

2. 动词转换成名词

动词在汉语中是非常占优势的，而名词是在英语中占有优势。之所以有这样的情况出现，就是因为英语中如“-ing”结束的词尾，以及抽象名词的词缀这种抽象化手段在汉语中并不存在。也就像王力先生说的，在英语中，如“choice、movement”等一类由动词形成的抽象名词，在中国的字典里几乎没有能与之相当的词汇，且对于中国词的形式来说，对抽象名词的特征也是难以进行辨别的。名词化的表达方式只能存在于英语中，而汉语里只能表示为动词。用名词来代替动词在英语中是非常有效且广泛的构词方法，而英语最为独特的地方之一也正是名词和动词之间的转化。

此外，名词在英语中的重要作用还体现在，为了对另一名词进行修饰而让名词作为前置定语存在，并且按照语言发展，其在一些文体中是存在着越来越强烈的趋势的，一些便捷明了的表达方式，就是对英语静态修辞方面的特色做了加强。所以，在用英语来翻译汉语动词时，基本上都会向名词转换，而这类名词经常是动词的同源名词，其中，包含了施事者名词，如可以将“她妹妹总是说谎”翻译为“His sister is a great liar.”；包含了对动作意义加以表示的名词，如“他瞟了一眼钟”，可以翻译为“He cast a glance at the clock.”；以及包含抽象名词，如将“人们一时还不会饿死”翻译为“Starvation was a remote threat.”。

3. 动词省译

没有多大作用的动词能省略就要省略，是英语的“静态”特征中的具体表现形式之一。第一，汉语中有虚化用法的趋向动词存在，其表现的并不是实在的趋向；且在形容词、动词后面安放能够起到补充作用，并且这种用法的趋向动词都可以在英译时省略掉。第二，在一定上下文之中，有些动词和动词词组只能有修辞的作用，因此在被翻译成英语时可以进行全部或部分的省略，这更加符合英语修辞习惯。第三，因为汉语动词中几乎不存在曲折的形态变化，所以可以非常方便地对其进行使用。并且，汉语句子中，动词和动词形式等是普遍存在的，同时也有着较好的构句功能，但这些动词如果在英译时就进行省译的话，会与英语的构成习惯更加贴合。

三、英语顺线型扩展与汉语逆向性扩展

汉语与英语分别属于不同的语系范围，它们都有自己的特色，这些特色体现在句法上，有着很大不同。从句子扩展的模式上来说，英语顺线型在扩展句尾时是以开放式的方式呈现出来的，但汉语呈开放性却是在逆向型扩展时。

不管句式在英语中发生怎样的变化，其都是在非常基本的句子结构中派生出来的。基本句型大致可分为七种：①主语 + 谓语；②主语 + 谓语 + 主补；③主语 + 谓语 + 状语；④主语 + 谓语 + 直宾；⑤主语 + 谓语 + 间宾 + 直宾；⑥主语 + 谓语 + 直宾 + 状语；⑦主语 + 谓语 + 直宾 + 宾补。

我们不难发现，在以上的基本句型中，英语句子是在主谓主轴上加以建构的，尤其需要注意的就是句子结构，很多句子都需要谓语和主语，并且两者还要相一致，但这样就会对句子从句的首扩展有所限制。而英文又是一种形态性的语言，因此其句尾多是呈现开放式的，且衔接关联词语的功能也非常厉害，所以其修饰语可后置；同时，英语的形合手段也是非常丰富的，基本都会用到关系副词、关系代词和连词等。另外还有动名词、分词、不定式与介词短语等也会用到，一个有效的形合手段是能够按照逻辑关系将一系列的修饰语进行排列的。

第二节　英汉句子语序对比

一、英汉疑问句语序的异同

句子成分的排列次序就是语序。对于句子成分来说，其位置都是相对固定的，且在一般情况下不能随意改变。如果进行了改变，那么其表达的意思就会出现差别；或是句子不通畅；或是意思相同，但是其表达的效果与重点是不同的。因为民族的不同，所以就会有不同的思维模式，以及在对同一客观事实的语言传达方面的顺序也会因此不同。母语为英语的民族，他们的语言思维一般为主语 + 谓语 + 宾语 + 状语；而母语为汉语的民族，他们的语言思维则是主语 + 状语 + 谓语 + 宾语。无论是汉语还是英语，句子在排列成分上依照的都是一定的次序。我们将常序这一概念定义为句子成分，或者是从句的一般语序，而殊序则为特殊语序。同一个语义内容表达究竟是通过常序还是殊序，这就需要看当时的特定环境需要了，需求不同，那么最后表达出的主体意义与效果也都是不同的。为了掌握英汉语序实际的等效交换规律，笔者会从语义的角度出发，

开始比较英语、汉语的语序，以及其产生各种变化的方式，从而让人们能更加准确地理解不同语序的句子的不同含义。

英语的疑问句是由一般疑问句、选择疑问句、特殊疑问句与反义疑问句构成的；而特指疑问句、是非疑问句、反问疑问句、反身疑问句和选择疑问句则构成了汉语疑问句。虽然它们在语义上不同，但英语的一般疑问句和汉语的是非疑问句基本上可以说是相类似的。

英语提问主要依靠的是动词，而汉语则是靠主语。英语中的特殊疑问句和汉语的特指疑问句基本一样，但是在语序上存在差别；同时，汉语的陈述句语序是与特指疑问句相同的，但对于英语的特殊疑问句来说，只有在对修饰语和主语的定语提问的情况下，语序才能与陈述句相同，其他所有的语序都是相反于陈述句语序的。这些差异都存在于特殊疑问句之中，这就给我国的一些英语学习者带来很多困难。

二、英汉状语语序的常序与殊序

英语状语存在于较为复杂的位置上，并且不容易将其固定。因此在进行翻译时，一定要先对英汉状语之间的差异有所理解，接下来才能做状语交换位置的工作。一般情况下，汉语的主语后面、谓语之前就是状语，而英语中的状语除了表示频率的副词，都是在谓语之后的；并且英语在情态动词与系动词之后放置的是否定副词，这同汉语的语序是正好相反的；同时，如果一个谓语同时带有地点状语、时间状语，其地点状语应当在时间状语之前，这与汉语的习惯也是相反的；还有一点与汉语习惯也是相反的，就是若一个句子中含有两个以上的地点、时间状语，那么表示较小单位的状语要被放在前面。

三、英汉定语语序的常序与殊序

英语定语的位置并不相同，在单词作定语时，有些定语会在名词之前出现，而有些则会充当后置定语，当短语与从句在作定语时，也要在修饰词的后面出现，而汉语会在修饰词语之前的位置放入定语。当英语定语修饰的复合词是由一些不定代词构成的时候，那么就应当后置定语；同时，有一些需要作表语的形容词也要后置定语；某种具有稍强动词意思的分词，按照英语的习惯在作定语时也应后置；以及定语为短句从句时，是相反于汉语语序的。

非限制性定语从句在定语从句中，是与汉语的插入成分、并列复句等是等同的，且还在语序上和汉语相同；而与汉语相反的则是限制性的定语从句语序。

英语的定语被放在不同的位置上是因为其情况的不同，而不管汉语有几个定语，都会在修饰目标词之前被放入。

四、宾语的常序与殊序

一般情况下在动词的后面是要放英语、汉语的宾语常序的，但是，有时为了对某一宾语进行强调，或是通过某一宾语来对上下文进行照应，是可以将它的位置放在句首的，也就是主语以及谓语动词之前。英语、汉语中基本都有这样的殊序形式存在。例如：

Her appearance all admired，while her personality few praised.

该句将宾语“her appearance”和“her personality”提前到了句首，主要是为了对这部分的语义内容进行强调，从而强化外貌与人品上的对比，达到良好的表达效果。因此，关于这两部分的信息就都能有所加强，在作者观点、外貌与人品方面更是做了非常明确的凸显。

译文：她的外貌人人都羡慕，可是她的人品却几乎没人夸奖。

以上译文表明了宾语在原文中的作用，其运用的是相对应的宾语殊序形式。如果按照其常序来翻译，也就是“人人都羡慕她的外貌……”，那么读者在理解时可能并不会有很深的记忆，所进行的对比与留下的印象也不会太过明显，更不要提和作者的共鸣了，因此，一定要使用宾语殊序形式才能有不同的效果出现。

五、主谓的常序与殊序

汉语和英语的主谓常序在一般情况下的形式都是主语在前、谓语在后。而为了达到一定程度的语义目的，有时会发生主谓倒置的情况，由此也就形成了谓语在前而主语在后的殊序形式，且在变异形式的基础上突出谓语。并且，主语内容挪后了也就代表着其会因为身处于特殊位置而取得交际价值。例如：

It is a truth universally acknowledged that a single possession of a good fortune must be in want of a wife.

例句所使用的是英语的特殊句型。当主语在英语中过长就会显得头重脚轻，因此就会将主语往后放置，这样不仅使句子结构合理，同时还是对主语的强调。在句法上来说，该例句的谓语在前面，而实际主语则放在了后面。前半部分还是冠冕堂皇的，促使读者身处于某种严肃的场景中，而后面部分则表现得非常俗不可耐，从而使读者快速地由期待变为了失望；而在修辞方面，作者所采用的手法是先扬后抑，这将会使语义和语序在得到巧妙安排后，具有非常明显且强烈的讽刺意味。

译文：有一条举世公认的真理，那就是，凡有钱的单身汉，总想娶位太太。

原文的形式采用的是 it 句式，而与之相类似的结构在汉语中是不存在的。按照之前的惯例来说，对已经挪后的主语进行提前处理就是该句型的基本转换方式。但是因为在语序安排方面，这句话已经包含了特殊的表达效果和语义意图了，若再将其看作惯例行为，那么一定会将原文的语序颠倒，原先那种先扬后抑的效果也会受到一定程度的影响，所以应在译文中使用句法的手段，以及在对原文的概念意义没有任何影响的前提之下，保留原文中富有情趣的语序，从而在表达和人们的理解方面都会更加具体。

六、英汉语序的翻译研究

在经过了以上的分析和比较之后，不难发现其同一概念下的几个句子之所以会所产生不同的主题意义，是因为其各自的语序存在不同，且其语义的意图也会有所不同。

所以，在翻译时我们应对不同语序之下包含的各不同语义特征进行正确区分，并且还有常位和殊位间的不同语义也应进行区分，同时要注意将这些差异和特征在译文中有所反映。我们对语序重要性的强调，就是对语序反映主题意义的强调，同时也强调了语序中作者想要表明的意图是什么。

而对于翻译来说，体现原文是怎样通过语序传达的主题意义才是语序处理的关键。在同一语义意图中，不同语言的表达手段都会大为不同，所以我们不能对译文语序和原文语序有所强求，不必要求它们必须是一致的，还有不能要求常位完全对应着殊位。如果原文和译文的语序在行文习惯上发生了矛盾，那么译文的语言习惯应当排在首位，这样就能够有效防止译文生搬原文语序，从而变得晦涩难懂，阻碍原文原本含义的表达。

总而言之，在传达主题意义的时候一定要遵循原文的主要意义，同时还要与译文语言的表达习惯相符合。不管是何种词组或是从句，在句子中只要存在一定的成分，那么基本上都会有较为惯用的殊位和较固定的常位，而且还能从另一种语言中有与之相应的位置。同一个句法结构处在两种语言之中是不是会有一样的表达效果即为我们对比的重点，这同时也是语义和语用相比对的结合。基本上转换英汉语序的方法分为同位转换和同序转换两种。

（一）同位转换

在翻译过程中，时常会将原文常位句朝着译文常位句方向的转换，且将原文殊位句朝着译文殊位句转换，这也就是所谓的同位转换。句子在交际过程中，其成分的特定位置常常体现了作者的语义意图，因此若是在译文语言中有同位结构是与其相对应的，那么就应当要采取同位转换法进行处理。而同位转换可以发生在英汉语序的正常情况之下，目的就是确保原文中殊位、常位和涵盖的一些主题意义。但是，也因为排列顺序中，英汉的句子成分既有相同之处也有不同之处，所以在进行同位转换后经常是会保存住原文语序的，当然有时也会进行改变。

（二）同序转换

在翻译中对原文主要语序加以保留的方法即同序转换。一般情况下，原文句子成分中的排列方法，特别是句首、句末存在特定意义时，由于译文语言没有能够与之相对应的同位结构，所以译者也就没办法把原文通过译文语言中的同位句式进行转换。因此，在处理时就可能会采用同序转换的方法，并且不需要追究译文在转换后是不是对原文的常殊形式进行了改变。

同序转换与同位转换法的区别所在，就是同序转换法是对“序”的重视，并且在处理上也时常会对“位”的常殊与原文句子成分进行改变；同位转换法则是对“位”的重视，且在处理中会对原文的“序”进行改变。

上述就是对英汉语序转换两种基本方式的介绍，同时为了保证翻译中能充分表达出主要意义，还应对多种翻译技巧和转换手法加以借助。语序的语义特征保留与否，经常会受到翻译技巧、翻译方法和其他一些因素的影响，从而会使语序在转换过程中有变序和变位现象的发生。

上述可知，语序是带有一定积极作用的，且能充分反映作者的语义意图，以及对特定主题意义的语义参照系进行传达，它并不能说是消极的。只有积极地在翻译中反映语序的语义特征，才可能让译文做到效果对应和语义等值。

第三节　英汉句式对比

一、主谓结构对比

在英汉互译过程中，译者必须具备一定的语言对比意识和转换意识。只有了解两种语言基本句式的差异并对句法进行比较，才能摆脱原文形式上的束缚，不至于对原有的句式亦步亦趋，才能总结出相应的转换规律，掌握一定的翻译技巧，从而避免不伦不类的翻译腔，切实提高翻译的质量。

上文已经提到，英文的句式结构基本上可以归纳为主谓结构，即 S+V（主语＋谓语动词）的结构：S+V（主＋谓）、S+V+O（主＋谓＋宾）、S+V+O+C（主＋谓＋宾＋宾补）、S+V+O+O（主＋谓＋间接宾语＋直接宾语）和 S+link V+P（主＋系＋表）。以上基本句型充分显示了英语基本句式结构为主谓结构，其中主语一般是动作的发出者或承受者，即整个句子分别为主动语态或被动语态。不管使用何种语态，谓语动词都因主语数的不同而发生变化。

SV 由两个部分构成，是英语中唯一可以两分的句子，但此类结构在英语里实则少见。实际上，三分法更加符合英美人的语言表达习惯。例如，“We walked.”说得少，而“We took a walk.”则说得多。也就是说，人们常把不及物动词转换为相应的表示动作的名词作宾语。另外，不及物动词后面常常需要增加状语成分来表示此动作的时间、地点或方式等，使句子成为三个成分。SVO 句型在英语句式中极为典型，英语句子是以动词为中心的，前有施动者，后有受动者。任何事件的发生都要涉及动作、施动者和受动者。没有动词就不能成为句子，缺了主语、宾语就会发生语法错误，动词是句子的谓语，施动者是句子的主语，受动者是句子的宾语。这样，SVO 就有了一个完整的意义，对整个句子所叙述的事件是一个完整的描述。SVP 结构的句子使用频率最多，其中 V 不代表具体动作，并无多少实际意义，然而英语句子是以动词为中心的，也就造成了 SVP 结构。此结构是语言受到形式逻辑，即概念和判断的调控的典型例子之一。“判断”一般有三个部分：主项、联项和谓项。SVP 结构的句型中与之相对的即为主语、连系动词和表语，三部分缺一不可。

英语句子基本结构的三分法符合英美民族的语言心理，只要有主语、动词和宾语，就是符合语法的句子。英语段落要包括主题句、扩展句和结尾句；英语文章由引言、正文和结尾组成。由此可见，三分法还适用于段落，甚至文章。

不同于英语的三分法，汉语的句子结构有两个部分：话题和说明。汉语造句要符合阴阳对立的模式。中国人自古就认识到世界是一个阴阳对立的矛盾统一体。《易经》中充满了阴阳辩证的思想，其语言文字也体现了阴阳对立。《诗经》是中国最早的文学精华，记录了西周初期至春秋五百多年间的文学创作，具有系统化的特点。《诗经》中所记载的诗篇大多是四字一顿、八字一句，其中前四个字是话题，后四个字是说明，如“关关雎鸠，在河之洲；窈窕淑女，君子好逑”等。唐诗发展的鼎盛时期，则为五字一顿、十字一句，如“白发三千丈，缘愁似个长”；或者七字一顿、十四字一句，“飞流直下三千尺，疑是银河落九天”。到了宋代的词，最长的一句是九字，如“问君能有几多愁？恰似一江春水向东流”。春秋时期诸子百家的文章也体现了阴阳对立，如孔子的《论语》：“子曰：学而时习之，不亦说乎？有朋自远方来，不亦乐乎？”由此可见，句子的结构大体上是两分的，其造句的基础不是形式逻辑，而是阴阳辩证。汉语的句子阴阳对立，不在语法，而在语意，表意又有其独特性。

张今将汉语句子的表意类型归纳为七种：①语义相反型。“先天下之忧而忧，后天下之乐而乐。”（宋·范仲淹）②语义相异型。“窗含西岭千秋雪，门泊东吴万里船。”（唐·杜甫）③语义递进型。“同是天涯沦落人，相逢何必曾相识。”（唐·白居易）④反义衬托型。“衣莫若新，人莫若故。”（春秋·晏子）⑤同义衬托型。“有莠则锄，有疾则医。”（宋·苏轼）⑥正说反说型。“改过不吝，从善如流。”（宋·苏轼）⑦同义强调型。“同声相应，同气相求。”（《周易·乾·文言》）

英语句子结构是重语法的，汉语句子结构是重语意的。英语句子受形式逻辑的制约，汉语句子受阴阳逻辑的制约，结构上可分为话题和说明两部分。

从传统语法角度来看，英汉两种语言不仅具有独特的个性，还具备一定的共性。在基本句型构成这一方面既有相似之处，也不乏明显差异。

第一，在 SV 结构中，英汉句式基本一致。不同之处在于：英语中动词形式严谨，数和时间的概念清晰明显，而汉语的语法手段相对灵活多变，语义往往不甚明了。因此，英语动词在数、时态等方面有形态变化，而汉语则无形态变化，只能借助词汇手段如“着”“了”“过”表达相应的语法意义。例如：

I decline. She declines. I declined.

在以上例句中，动词“decline”发生了形态变化，“decline”和“declines”的主语分别是第一人称和第三人称，当主语为第三人称时，“decline”就要变成单数第三人称形式“declines”；而“decline”和“declined”分别指向现在和过去，时间概念明显可见，而译为汉语时则需借助词汇手段以表示动作发生的时间，即“我拒绝”或“我拒绝了”。

第二，SVO 结构可以被认为是 SV 结构的扩展形式。大多数情况下，这一结构中的谓语通常为及物动词，也可以是不及物动词加小品词。例如，“Friction generates heat；He cheered me up.”。英汉两种语言中，此类句型都有宾语前置的现象，如“This I know for sure.”可以翻译为“我肯定知道这一点”或“这一点我肯定知道”。不同之处在于：英语中宾语前置现象是典型的倒装结构，其语气比“I know this for sure”要强得多，而汉语的宾语提前常被视为一种常见的表达手段，可使译文更通顺，使汉语读起来更流畅。此外，出于节奏等方面的需要，汉语句子需要把宾语前提，如上例可译为“这我肯定是知道的”。

第三，SVOC 结构存在于英汉两种语言中，但比较而言，汉语中的宾语补足语远不如英语中普遍。两种语言中此类结构的独特性多于相似性。一般而言，汉语多以兼语式、动宾结构等形式对应英语宾补结构，如“Plato views knowledge the food of soul.”可以译为“柏拉图认为知识是灵魂的食粮”或“柏拉图称知识为灵魂的食粮”，这两种翻译在形式上来讲都属于汉语中典型的兼语式。

第四，就 SVOO 结构来说，英汉两种语言都不乏可以后接复合宾语的动词，然而，两种语言却有不同的结构分析方法。以下面的句子为例。“Would you please tell her to attend the meeting on time?”，“to attend the meeting”被视为由动词不定式短语作句子的直接宾语，而“你告诉她准时去开会好吗？”既可以被认定为双宾语结构，也可以看作汉语特有的兼语式。事实上，汉语的双宾语现象比英语要复杂得多，比如，“我给了他一些书”和“我看了他一些书”，这两个句子看似结构相似，实则差异很大，译成英语需要使用不同的句式，以上两句可以分别译为“I have given him some books.”和“I have read some books of his.”。而后者不能译成英语的 SVOO 结构“I have read him some books.”，因为“看了他一些书”中的“他”和“一些书”是所属关系。

第五，在 SVP 结构中，三种成分 S、V 和 P 在英语句子中是缺一不可的，而在汉语句子中动词往往可以省略。汉语虽然没有系动词的概念，但 be、become 等词在汉语中也可以找到相对应的表述形式，be 可以翻译成“是”，become 可以翻译成“变得”。例如，“Time is valuable.”和“He becomes strong.”，可以分别翻译为“时间是宝贵的”和“他变得强大”，也可以简化为“时间宝贵”和“他强大了”，显然后者更为地道。在英语中，be、become 等在句子中不可或缺，否则就不符合语法的规则，就不能成为完整的句子，这体现了英语语法的严密性。而在汉语中，“是”“变得”往往可以省略，省略之后反而更加简洁，更符合汉语的表达习惯和行文特征。

英语句子无论多么复杂，都要以上述的五种基本句型为基础，通过扩展、组合等手段而构成。英汉两种语言在基本句型的构成上既有相似之处，又存在特性差异。

二、主语突出和话题突出

请看如下例句。

①结婚的事我自己做主。

②开车他没有经验。

根据上文所述，英语的基本句式结构是主谓结构。那么，在汉译英时，首先要确定句子的主语。这两个句子的主语是什么呢，是“结婚的事”还是“我”；是“开车”还是“他”，在汉译英时，需要把握两种语言句法之间的差异，才能摆脱语言形式的束缚，得出地道的、符合汉语行文习惯的译文。

英语的基本句型有 SV、SVO、SVOC、SVOO 和 SVP 五种，每种都离不开主语和谓语。由此可见，英语是以主谓结构为轴来进行逻辑推理和意义建构的，造句离不开主语。英语是注重主语的语言，而汉语是注重主题的语言，常常把句首成分看作话题，然后加以评论，而且话题在语法上不一定充当句子的主语。汉语句子经常没有主语，但往往需要主题，形成话题—说明型结构。由此可见，以上例句“结婚的事”和“开车”都是话题，所以英语句子的主语分别为“I”和“he”。考虑到人称和时态等方面，两句可分别译为“I’ll make my own decision in marriage.”和“He is not experienced in driving.”。

（一）英语：主语突出

上述分析表明，主语在组织英语句子时至关重要，可以说英语是主语突出的语言，主语和谓语要在人称、数等方面相匹配。汉译英时需要注意以下几个方面。

1. 主语必不可少

祈使句和某些惯用语的主语可以省略，除此之外，英语句子不能缺少主语，否则谓语部分也不能实现主谓一致的原则。即使没有实在的主语，也要找一个虚的主语来替代，如 it 或 there。

There seems nothing wrong.

译文：看似一切正常。

It is time we put egos aside and listened to the evidence！

译文：现在就把自我感觉放一放，听听实际情况吧！

而在汉语中，无主句和省略主语的句子比比皆是，汉语句子不一定有主语，译成英语时需增添主语。

山谷中流淌着一条小河。

译文：There lies a river in the valley.

要不断加强基础设施建设，努力营造良好的开发环境。

译文：In an effort to create a sound environment for development，continuous work should be done to increase and improve infrastructure.

在降低农业成本的同时，还应采取措施以增加农民的收入。

译文：While lowering the farming cost，the government has also taken measures to increase farmers' income.

2. 主谓一致

汉语句子中谓语不需要形态变化，不必考虑时态、人称、数等范畴，而英语的主语与谓语相互制约。

He always uncovers major cases of corruption if he wants to. The problem is that he is usually hesitant about handling such cases.

译文：腐败的事情，一抓就能抓到重要的案件，就是他往往下不了手。

They always uncover major cases of corruption if they want to. The problem is that they are usually hesitant about handling such cases.

译文：腐败的事情，一抓就能抓到重要的案件，就是他们往往下不了手。

3. 英语主语的名词性特征

英语中的主语成分必须有名词性特征。若其他词类要出现在主语的位置上，则必须进行形式上的变化，否则不合乎英语的语法，这也体现了英语语法的严密性。

That he is a computer buff is one of the few things Marc freely reveals.（that 引导的主语从句作主语）

译文：马克是电脑通，其他方面乏善可陈。

What happened on September 11，2001，will be forever engraved in our memory.（what 引导的主语从句作主语）

译文：2001 年发生的"9・11"事件将永远铭刻在我们记忆里。

Getting up early and going to bed early is considered as a good habit.（动名词作主语）

译文：早睡早起被认为是一种好习惯。

（二）汉语：话题突出

请看如下例句。

①吃，北京很方便。

②搞西洋画的，生活环境也应该更洋一点。

③出去吃饭，我请你。

以下句子的开头是要谈论的话题，接下来是对这一话题的说明或评述。汉语句子的话题和后面的动词并不一定要有联系，或者根本就可以没有动词。鉴于英语句式一般为主谓结构，那么将汉语的话题—说明型结构译成英文时，就需要对句式结构进行调整，在整个句子中找到合适的主语，然后再根据主语选择动词，如找不到主语，就需要添加主语，或使句中动作的承受者作主语，变为被动语态。译文如下。

① Various restaurants are available in Beijing.

② Those who specialize in Western paintings should live in an environment of Western styles.

③ I'll invite you to dinner.

汉语句子中的话题可以是事物、时间、地点、事件、方式等，可以归纳为如下几种。

第一，动作承受者作话题。例如，那件事我已经办好了（I've handled the matter.）。

第二，双话题。例如，这位教授道德高尚，学问渊博（This professor has high morality and broad knowledge.）。

第三，地点作话题。例如，桌上搁着一碗饭（A bowl of rice is on the table.）。

第四，从句作话题。例如，张三明天去美国，我感觉很奇怪（It strikes me strange that Zhang San is going to the United States tomorrow.）。

第五，动词或动词短语作话题。例如，加入世贸组织利大于弊（China will witness more benefits than losses after its entry into WTO.）。

第六，时间作话题。例如，今天风和日暖（The wind is gentle and mild and the sun is warm today.）。

汉语中可以作话题的成分比较灵活，可以是词、短语或句子，这就给汉译英带来了困难，并且汉语句子形式多样，有时只有话题没有主语或隐含主语，确定主语是汉译英的关键也是难点。下面将探讨两种确定主语的方法。

1. 重新确定主语

第一，转换施事主语。汉语句子习惯用人或其他有生命的名词作主语，而英语多使用抽象的名词作主语。在英汉互译时，主语部分应注意人称和物称的转换。

一想到她难过，他就心情沉重。

译文：The slightest thought of her sadness weighed heavily upon his heart.

他走起路来，不知不觉添了几分尊严。

译文：A new dignity crept into his walk.

第二，时间或处所名词作主语。时间或处所名词作主语在英语中极为常见。

近年来经济发展比较快。

译文：The recent years witnessed comparatively rapid economic growth.

20 世纪发生了巨大变化。

译文：The 20th century brought dramatic changes.

20 世纪 80 年代初，中国经济发展出现重要转折。

译文：The early 1980s marked a turning point in China's economy.

第三，词类转换。英语名词占优势，汉语动词占优势。在英汉互译时，可以考虑词类转换。

儿子考试成绩不佳，他非常生气，结果就和妻子吵了起来。

译文：His anger over the boy's poor performance in the exam led him to quarrel with his wife.

一看到这张照片，我便想起了童年。

译文：The sight of this picture reminded me of my childhood.

2. 增加主语

（1）增补形式主语

这儿离学校很远。

译文：It's a long way to go from here to school.

有朋自远方来，不亦乐乎。

译文：It is a great pleasure to meet friends from afar.

重要的不是谁统治我们，而是看他怎样统治。

译文：It is not who rules us that is important，but how he rules us.

（2）增补虚位主语 there

那里站着一个穿制服的人。

译文：There stood a man in uniform.

（3）增补表达泛指意义的人称代词或名词

最好等明天再来。

译文：The best thing would be for you to come again tomorrow.

不到长城非好汉。

译文：He who has never been to the Great Wall is not a true man.

（4）增补第一人称 I、we 及相应的物主代词，或第二人称 you 及相应的物主代词

去哪儿出差了？

译文：Where did you go on business?

有问题的举手。

译文：Hold up your hands if you have questions.

第四章　英汉语言的语篇对比

语篇通常指一系列连续的话段或句子构成的语言整体。英汉语篇对比的内容应涉及语篇研究的方方面面。本章主要分为英汉语篇结构对比、英汉语篇衔接对比两部分。

第一节　英汉语篇结构对比

一、语篇的功能

从物质形态的角度出发，语篇主要有两种表达形式，分别是口头表达方式和书面表达方式。语篇不单单是指具有数百万文字的话段或句子，一个词也可成语篇。不管是何种表达形式的语篇，必须要遵循以下规则：首先，要符合语法，且语义连贯。其次，要注意层次清楚，语句与语句之间的衔接要恰当。语篇一方面，要具有论题结构或逻辑结构；另一方面，在句法方面，要具备组织性；在交际方面，要具有独立性。语篇在实现特定的交际意图的过程中，会受到一定的语境的影响和制约。这里所指的交际意图，不仅仅是指单一的交际意图，它也可以是复杂的。语篇研究的内容和对象，述说起来是非常丰富的，涵盖了语篇结构、信息的分布，以及会话结构等。

（一）语篇的信息功能

语篇的信息功能主要体现在主题、信息与衔接三个方面。在小句层次，语言的信息功能就只有“主位化”这一大范畴，包括“主位结构”和“信息结构”两个次范畴。而在语篇层次，语言的信息组织功能由语篇衔接（语篇）主题、语篇的信息组织及其分布三个次范畴来协同体现。韩礼德在描写“衔接”现象时，是将它放在对小句的描写时进行的，即把“衔接”作为一个出现于小句周围的现象看待的。尽管韩礼德的这一做法无可挑剔，但“衔接”所涉及的范围已非其语言学模式所能包容，这从一个侧面说明了两点：一是其语言学模式的不足，二是小句和语篇的不同研究范围。胡壮麟从整个语言体系的高度，全面论证了衔接范畴的多元性和多层次性，但我们仍然把衔接放到语篇信息功能部分。语态在韩礼德模式中是作为概念功能的一个次范畴加以论述的，但我们应该将不在概念功能部分的对比语态现象和主位联系起来讨论。这既体现了胡壮麟的思想，也符合语态和语序及主位化的本质特征。小句的信息功能范畴包括主述位结构和信息结构。语篇信息功能的范畴为语篇主题、信息组织和衔接。

（二）语篇的人际功能

人际功能，即情态语气组织和语体美学风格。韩礼德在描述小句的人际功能时，也部分地涉及语篇现象，如他在探讨小句的语气成分时所涉及的问题实际上是语篇性的。在话语发展过程中，语气成分是维系话语发展的基础，是用来维系和发展交流双方的思想感情的。但由这些成分一同构成的，是相对完整的语篇。因此，笔者假设，语气成分的合理组织亦具有语篇特征。据此，可以进一步意识到，语篇现象是语言行为中的人际意义（如美学意义）和信息成分分布在语篇层次的集中体现。它反映了社交过程中的角色及其相互关系。此外，语篇组织中有语气附加语、情态助动词、评论附加语以及其他含褒贬义的成分，如主观特征语等。笔者把这些成分在语篇组织中所体现的整体功能叫作语篇的“情态语气功能”。

语体是语篇人际的又一个次范畴。它所体现的，是社会交往中人与人之间的社会等级距离和情感距离（包括情景的正式程度、言谈主旨的专业化程度、编码者的态度的客观性和交际渠道等因素），即布朗和吉尔曼所说的权势平等关系。在语体轴上表现为对向上或向下的语体成分的选择，它与上述“情态语气”功能有关，因为后者是语言所体现的最基本的交际行为意义，而语体是在此基础上，对交际角色之间的社会权势关系和心理距离的反映。接着，继续探讨了修辞学的学科地位，区分了“修辞的过程”与“修辞的结果”。前者属于“系统语法”和“语用学”的研究范围，研究“作为过程的语篇”；后者属于“语篇语言学”的范围，即研究“作为成品的语篇”。修辞的目的，无论是“积极修辞”还是“消极修辞”，都要通过语篇来有效地体现说话人的语用意图，这样的语言行为才具有最佳的“言外之力”，产生“言后之果”。而作为修辞成品的语篇所表现的，则是语言的美学功能。美学功能，狭义地讲，就是文学作品的艺术风格；广义地讲则是一切语言使用在语篇中所表现出来的“准确性”与“恰当性”。无论从哪一角度看，这一过程最终都是通过语篇来体现的，因而语篇具有传统修辞学中所论述的各种典型的美学风格。美学意义同样是一种人际功能意义。它既是人与人之间的，因为它具有言外刺激作用，同时还是心理的，因为它能使人产生美感。美学意义既是主观的，即通过主观认识途径获取语篇所具有的美学意义，同时，它也是客观的，它毕竟也是一种存在，否则便不可能有所谓的文学名篇，在以自然语言为媒介的体现过程中表现出语篇的种种风格特征。一种风格特征的体现，同样是基于对语言成分的选择和组织，包括其组织方式。因此，它是语言人际功能三次范畴中的最高层次，它必须是在恰当地体现和反映社交中说话人的语气和情感态度与彼此之间的社会权势关系（语体意义）的基础上，通过精心选择语言成分并“协和”组织起来的，在语篇层次上综合体现的一种社交意义。语篇三次范畴间的相互关系可表示为：情态语气功能—语体功能—美学功能。

（三）语篇的概念功能

就目前的研究工作来看，描写语言的概念功能，主要有三种方法：及物分析、作格分析和谓元分析。韩礼德的功能语法集中对小句的概念功能做了及物分析，随后从作格分析的角度处理了一些及物分析不能解决的问题。即便是其他学者的作格和谓元分析方法，也始终以小句为研究对象，未能涉猎语篇领域。不过，韩礼德对高于小句的小句复合体提出了一套逻辑语义关系和分析方法，并对英语的复句进行了系统描写。根据韩礼德的见解，这些关系不仅体现了复句内小句间的逻辑语义关系，也体现了语篇内句群之间的逻辑语义关系，语篇逐层得到线性化体现和组织。

二、英汉语篇的信息结构

（一）语篇中的信息单位和信息焦点

1. 信息单位

语篇是一个完整的语义单位，但它又由一个一个信息单位组织而成。话语分布成为信息单位，是通过声调群来体现的，但同时与声调群、词序和语用修辞的组织有关。不同的声调群会出现不同的信息单位。在口头交流中信息单位的长短变化就带有一定的随意性。在将书面语转化为声调群时，阅读者一般按句法单位确立信息单位。

2. 信息焦点

关于信息焦点，述说起来是指信息单位的焦点所在。信息焦点是信息单位内由主重音或调核体现的一个或多个作为信息高峰值的单元。信息焦点主要分为两类：一是主重音焦点；二是主重音 + 次重音焦点。关于信息单位的内部构成，其主要是由声调群的内在机制来进行确定的，这主要是因为信息单位并非与小句或小句复合体的句法结构而是与声调群一致。这里所指的声调群，除了要具有主重音段这一必不可少的音系成分之外，还有可能具有一个随意性的主重音前段。

（二）语篇中的已知信息和新信息

句法语序以及语义组织中所使用的一定的修辞方式，都会影响语言成分的信息价值，在进入对比之前，我们需要明确信息的内涵。韩礼德指出，信息是已知或可预测的，是新的、不可预测的成分之间相互作用的过程。它是由“新”与“非新”相互作用产生的，因而信息单位是一个由两种功能构成的结构即新信息和已知信息。可见，已知信息指说话人呈现给听话人的可恢复的信息，可能是前文提到过的，或者是情景中的某些成分，如“我”和“你”等，或者仅仅是说话人想把某人或某事，作为对方明白的信息提供给听话人，即“这不是新闻”。新信息则是说话人提供给听话人的、无法恢复的信息或许是前文不曾提及的，或者无论前面是否已经提到，却是听话人没有意识到的，意思是说“注意，这是新闻”。

韩礼德的这一观点很重要：它不仅说明已知信息和新信息的特征，而且清楚地表明其间的关系是“相互作用”的“过程”。这是一个动态的、具有相互意义的概念，对后文的分析，尤其是语篇信息成分的分布，具有实质性的意义，因为语篇中有不少成分的信息价值是通过和其他成分的价值相互参照得以确立的。

1. 信息价值和声调群

信息价值是一个语言成分所具有的新闻价值，这里暂时指某个语言成分的已知信息和新信息。一般地讲，新信息位于声调群单位的尾部，这叫作信息尾重原则。

新信息的分布，除了信息尾重原则这一无标记的现象外，还有带标记的分布情况，声调群的主重音不是落在声调群末尾，而是其他地方，这就是新信息分布带标记的现象。一般说来，在语篇开始时，整个第一个小句很可能都属于新信息，由于声调群的主重音体现信息焦点上，而焦点又是确定新信息的依据，因此，前文提到的对比性焦点意义，也就自然成为新信息的特征，也是声调群确定信息单位及其焦点的依据。无论在英语还是在汉语中，这一点早已为人们所掌握，这在书面语转化为语音系统时显得尤为重要。

2. 信息价值和语序

信息价值不仅与声调群有关，也与语序有关。语境对选择信息结构之间有着紧密的关系。如“// 四川人 / 不怕辣 //”“// 贵州人 / 辣 / 不怕 //”“// 湖南人 / 怕 / 不辣 //”三个汉语小句，实际上是受三种不同语境意义的制约而出现的三种不同的信息结构。这些语境可以分别恢复为“四川人不怕什么？”“贵州人对辣的反应怎样？”“湖南人怕什么？”从而出现不同的信息焦点和新信息“辣、不怕、不辣、四川人、贵州人、湖南人”则是我们前面说的基本主题成分。如果各个小句分别都被处理为一个声调群的话，它们分别和“不怕、辣、怕”一起，构成各小句所在声调群的已知信息。

（三）语篇中信息价值与修辞方式

宽泛地讲，前面探讨的均属语用修辞范围。这里指由于语用学原则和策略的使用，在语篇编码中所使用的一系列修辞手段，从而观察这些选择过程对小句信息结构的影响。但这个范围太广，对此不得不加以限制，仅对比与信息价值直接相关的几个典型方面，即“排比”“对比”和“省略与替代”三个方面与英汉语信息价值之间的关系。

1. 排比与信息分布

汉语排比的使用在一定程度上比英语更灵活，因为汉语往往不需要像英语中“and”一类的连词，因而节奏性更强。可见，排比结构已经确定了语言成分的价值地位，声调群的功能则是通过声调的运行规律，将这些成分的价值充分体现了出来。

2. 对比与信息分布

对比成立有两个条件：一是对比的基础必须是语境与语调，而不是语调和句法。简言之，具有对比意义的语言项，是通过语境选择确立，最后由语调体现出来的，句法结构不具有决定作用。二是对比是二分的而不是三分或多分的，具有“对比”意义的语言项意味着语义上的相对。新信息蕴含着“调核”，所以，对比与新信息的关系则成为对比和语调的关系。

3. 省略、替代与信息

在语言编码中，经济原则就具体体现为省略和替代，同时，省略和替代还是人们常说常用的语用学原则之一。此外，从功能的角度出发来看省略和替代，它们除了具有语篇衔接功能，还具有语篇美学功能。简单来讲，就是通过省略和替代，能够使听话人或者读者，在进行理解语篇时，一方面，能使得语篇内各微观语义单位之间，存在的衔接与连贯关系得到恢复和联系；另一方面，在减少语篇的冗余信息的同时，使得新信息的分布密度得到提高。基于省略和替代二者分别涉及名词性省略和替代、动词性省略和替代、小句性省略和替代，笔者将按被省略或被替代的成分（名词词组、动词词组和小句）为着眼点，观察它们与信息价值的关系。

三、英汉语篇段落结构

关于段落述说起来是构成一篇文章的重要组成部分，同时，段落还是一个相对独立的整体。英汉这两个民族不管是在思维方式方面，还是在语言表达习惯方面，都存在不同。英汉在语篇中段落的结构和内容安排上，也是存在差异的。其中，在英语的每个段落中，一般情况下都是围绕着一个主题句概括，或是段落的中心思想进行展开的，也就是段落必须集中一个内容，并且在段落的具体细节方面，也都与主题有关。关于英汉语篇段落结构的比例，详述起来主要有以下内容。

（一）英语语篇段落结构

在英语说明文、议论文体裁的英语段落结构中，“主题句＋辅助句”的段落结构，是一种占有很大比例的结构。这种结构简单来讲就是直接以第一句来点出段落的主旨，也就是所谓的主题句。然后再通过后文中与主题有着紧密联系的例子和说明来进行辅助叙述。英语段落结构如下例。

Americans are people obsessed with child-rearing. In their books, magazines, talk shows, parent training courses, White House conferences, and chats over the back fence, they endlessly debate the best ways to raise children. Moreover, Americans do more than debate their theories; they translate them into action. They erect playgrounds for the youngsters' pleasure, equip large schools for their education, and train skilled specialists for their welfare. The whole industries in America are devoted to making children happy, healthy and wise.

从上述段落叙述的内容中，可以得出以下特点。在英语段落中，首先，在段落开头点出主题，即美国人非常注重孩子的教养。其次，通过人们在理论上重视教育的例子，对人们实际行动的描述，以及指出整个美国工业，其运行的最重要目的就是为孩子服务，以此来为段落主旨提供辅助支持的依据。这段示例中，清楚的段落关系，以及流动自然的叙述方式，可以说是英美人直线思维模式的典型特征。

（二）汉语语篇段落结构

在汉语中也存在着类似“主题句＋辅助句”的段落结构。采用“主题句＋辅助句”结构模式的汉语段落，首先，在文章开始就指出论点。其次，再围绕着论点进行层层分析说明。这样的结构模式，使读者在阅读之初就能充分了解作者的看法和观点，从而有助于读者抓住全文的要点。在汉语段落模式中，这种段落结构，其实并不多见。在汉语段落中多采用的是归纳式的方法，人们习惯将论点放在段落的结尾，如下例。

在非洲，每天早晨羚羊睁开眼睛，所想的第一件事就是：我必须比跑得最快的狮子跑得更快，否则，我就会被狮子吃掉。而就在同一时刻，狮子从睡梦中醒来，首先闪现在脑海里的一个念头是：我必须能追上跑得最慢的羚羊，要不然我就会被饿死。于是，几乎同时，羚羊和狮子一跃而起，迎着朝阳跑去。生活就是这样，不论你是狮子还是羚羊，每当太阳升起的时候，都毫不迟疑地向前奔跑。

在汉语段落结构中，前一部分是分析和说明，在段落结尾处才明确点出段落主旨，即提出论点。在汉语文章和段落中，这种篇末点题的结构模式占有很大的比例，这种方式有助于引人深思。

（三）英汉语篇段落结构对比

英汉语篇段落结构的语言差异早已被国内外的一些语言学家所注意，并展开了一系列的研究。他们在以英汉段落、语篇展开模式为中心的分析研究中发现，作者在英语论说文中的思路述说起来，首先是开篇直接点题，也就是所谓的“开门见山”，其次是对论据进行解释说明。作者在汉语论说文中的思路，是不同于英语的，其过程述说起来，首先是陈述现象，并对事实进行分析，其次是对文章段落进行结论的表述，表明个人观点，这种叙述模式也可称为逐步达到高潮式。基于这些内容，有语言学家总结到，英语语篇，在开头叙述的内容是告诉人们辩论，或者是谈话走向何处。而汉语语篇，在开头叙述的内容是说明辩论 / 谈话从何处来。以下笔者结合英语的例子与汉语译文的比较来论证这一观点。

Three passions，simple but overwhelmingly strong，have governed my life: longing for love，the search for knowledge，and unbearable pity for the suffering of mankind.

译文：渴望爱、寻求知识和对人类苦难的深切同情，这是支配我的生活的三种简单而无比强烈的情感。

从以上所示的十分简单地道的英语原文中，可以得知这是一个完整的叙述语篇，并且是英语直线思维模式中先进行总述，然后再进行展开的典型示例。就其译句来看，是比较忠于原文的。在译句中，可以发现其段落结构是一种中文螺旋式结构，简单来讲就是先分述后总结的段落结构。这种结构体现了与英文原文不同的思维方式，是通过对表达顺序的颠倒、主位以及述位的部分变换来实现的。

上述示例使得英汉语篇组织结构得到了较为明确的显示，也就是突出显示了衔接与连贯的差异，以及突出了英汉语篇在内在思维逻辑方面存在的差异。这里需要指出的是，不管是英语语篇的演绎型，还是汉语语篇的归纳型，它们都不是绝对的，而只是在各自的领域中占有较高的比例。

英语语篇的第二个显著特点，是比较规整和固定的模式，同时，这一特点也是在段落篇章层面，对英语高度形式化的一种具体体现。在这一特点的模式中，作者首先对一个观点或者道理进行表达。然后在后续内容中，对所述观点展开说明和论证。俗话讲：“无例不成言，无例不成理。”这说明在进行信息交往时，对观点和道理进行说明和证实是十分有必要的。

综上所述，英汉语之间在段落层面上的不同，主要体现在思维模式的差别上，分述起来就是：英美人更加习惯使用演绎型思维，在英语段落写作时，往往是先概括、后叙述，也可以说是先综合、后分析。汉民族更加倾向于归纳型思维。在汉语写作时，首先进行铺垫说明，其后才进行主旨点明。

学习者只有对英汉语篇的差异有一个较为清楚的了解，才能在进行英语创作的过程中，有意识地避免在英语写作中使用归纳型的思维模式，同时，对这种差异的了解，也对翻译实践有着重要的指导意义。现分析一例来进行具体说明。

Few follow the advice of Isabella Beeton, the guru of British cooks in the 19th century, who decreed in an early edition of her book that “a good meal, if enjoyed and digested, gives the support necessary for the morning’s work”.

译文：19 世纪英国烹饪大师伊莎贝拉·比顿曾在她著作的一个早期版本里说过“享用一顿美餐，能使整个上午工作精力充沛”，但是，这番高见很少有人领教。

这一段落主要是由一句话组成的，尽管如此，英文原文也反映出了演绎型的思维，即先概括、后细节，以及先抽象、后具体的思维方式。而汉语则恰恰相反，首先，从侧面进行说明。其次，点出话语的信息中心，反映出了汉语写作的思维习惯。因此，原文规范地道，译文准确且通顺流畅。

四、英汉语篇小句的过程

（一）小句的物质过程

1. 英汉语物质过程的意义

韩礼德指出，物质过程是表示做某件事的过程。这个过程本身一般由动态动词来表示，“动作者”即逻辑上的主语和动作的“目标”，即逻辑上的直接宾语，一般由名词或代词来表示。例如，“The lion（动作者）sprang（过程）.”；“The lion（动作者）caught（过程）the tourist（目标）.”。

韩礼德指出，在上述两种情况下，狮子（the lion）在前种情况下动作限于“狮子”本身；后者的动作则指向或延及“游客”。以“狮子”为着眼点：那只狮子做过什么？那只狮子把那个游客怎么了？或者从游客的角度出发：那个游客发生了什么事？这样就有两种回答方式：一是主动形式；二是被动形式。但动词无论以何种形式出现，过程的性质不变。

韩礼德还指出，物质过程并非一定是表示具体动作的动词，还可以由表示抽象意义的动词体现，如“The mayor resigned.”（市长退休了），或者“The mayor dissolved the committee.”（市长解散了委员会）。从翻译来的汉语小句我们同样可以了解这两个小句的物质过程意义。

2. 体现物质过程的典型事件词

物质过程就是“做”或“干”（英语用 doing 表示）的过程，表达的是某一实体“做”（或“做过”）某件事。狭义地讲，它们表达某人或某动物做了什么事，或表示事件的发生，因而既可能非常具体，如 attack、spring、catch；也可能很抽象，如 resign、dissolve。由于人类在认知历程方面是大致相当的，因此，英汉语在这一点上应该是共同的，均占实义动词的绝大多数。根据物质过程的意义以及前面的初步分析，笔者可以列出汉语中表物质过程意义的一些典型动词。例如，打、拍、抚摩、搔、拉、推、拖、扛、挑、拾、背、举、捧、压、撑、拿、撮、揪、挎、夹、搀、挽、抱、拔、搞、剥、撕、抽、折、板、挖、别、钳、填、埋、塞、插、嵌、衬、放、堆、叠、挂、编辑、开刀、修订、排练、放映、比赛、争吵、侮辱、迁移、流亡、工作、劳动、判断、整理、展览、逮捕、审判、没收、绑架、调戏、贿赂、剥削、爆炸等。汉语的事件词作物质过程时和英语一样，可带一个参加者，也可带两个。

（二）小句的心理过程

心理过程相较于物质过程的不同之处，体现在前者的事件词有且只能有两个参加者，分别是：感知者和现象。首先，感知者必须是人或被赋予人格特征的一种参加者。其次，现象是能够被感觉到、想到，以及见到的对象，这里所指的对象可以是事物，也可以是事实。针对心理过程，韩礼德又提出了三个范畴：第一，情感。例如，喜欢、害怕等。第二，感知。例如，看见、听见等。第三，认知。例如，认为、知晓、明白等范畴。

韩礼德指出，在英语中，体现心理过程的事件词一般都具有双向过程关系，如“Mary liked the gift.”（玛丽喜欢礼物），这一小句的正向说法就有“The gift pleased Mary.”（礼物使玛丽高兴）。他把类似 like 和 please 的两类动词分别叫作 like 类动词和 please 类动词。这些动词类似于马庆株描绘汉语动词时划分的非自主类动词。

（三）小句的关系过程

关于“关系过程”述说起来是指表“是”或“属有”关系的一个过程。“关系过程”主要可分为内包型、环境型以及属有型三个小类。此外，be 动词这一常见事件词，主要被用来在英语中体现关系过程。be 动词是一个典型的关系过程成分。下面按类分述。

1. 内包型

（1）归属式

在归属式关系过程中，某些品质特性被赋予或归附到某实体上，这种品质特性就叫属性，而实体则是载体，如“Today's weather（载体）is going to be（过程）warm and sunny（属性）.”。

这一过程的构成：载体 + 关系过程 + 属性。这里的动词体现载体和属性之间的过程关系，“属性”为“载体”所有，在英语中一般由形容词或形容词性的成分充当。根据内包型归属式的这一意义，汉语也有类似的关系小句，如“他的面孔黝黑，鼻子、嘴巴的线条都很粗犷”。

这两个小句的内部语义关系是“面孔、黝黑、线条、粗犷”。“黝黑”和“粗犷”分别是“面孔”和“线条”的属性。后二者是分别承载这些属性的载体，所以该句是两个并列的内包型关系小句。与英语有所不同的是，后者必定有动词作过程成分，而汉语可以没有。如果加上判断结构“是……的”，即“他的面孔是黝黑的，鼻子、嘴巴的线条都是很粗犷的”，也是现代汉语所允许的。

（2）识别式

在这一关系中，一个实体被用来认同或识别另一个，如“X 被 a 认同和识别”或“a 是用来界定 X 的认同体 / 识别体”，我们把结构上的 X 成分叫作被识别者，把 a 成分叫作识别者。

2. 环境型

关于环境型的两个谓项之间的关系，主要有时间、地点、方式、原因，以及角色、事件或角度等关系。环境型主要分为两种方式，一是归属式；二是识别式。在英语中，一方面，归属式还可以进一步划分为两个次类，分别是环境作属性与环境作过程；另一方面，识别式可以进一步划分为两个次类，分别是环境作参加者与环境作过程。

（1）归属式

当环境作属性时，事件词通常由 be 动词充任。而环境作过程时，以 concern、last、weigh、cost 等实义动词常见。汉语的环境作属性时，也常见相当于 be 的“是”作过程，后面有介词结构。

当环境作过程时，动词相对说来丰富一些。例如，韩礼德举的英语例子有 concern、last、weigh、cost 等；汉语也一样，如长、宽、重、高、花等。这些动词本身带有表示环境关系的特征，都包含了各载体与相应特征的环境关系。

（2）识别式

这一类也分两个次类：一是环境作参加者（如“Tomorrow is the next.”）；二是环境作过程（如“The fair takes up the whole day.”）。鉴于前一类的参加者通常都有两个环境成分，两者的关系是对等的，故英语仍多用 be 动词，汉语用相应的“是”动词。

3. 属有型

韩礼德指出，属有型的关系小句表示两个谓项之间具有所属关系。其中，一个实体拥有另一个实体，如“The piano is Peter’s.”中的“Peter’s”与“the piano”，以及“Peter has/owns a piano.”和“The piano belongs to Peter.”中的“has”与“belongs to”。汉语中具有这一功能的动词包括：拥有、保有、领有、具有、享有、富有、负有、具备、有着、负、享、归于、归属（于）、着落（在）、属、落、归、隶属、直属、附属、从属（于）等。在识别类别中，英语还有一些具有一定特征的动词，如 include、contain、comprise、consist of、provide、exclude、deserve、lack 等；汉语有容纳、包容、容、盛、包括、囊括、席卷、总括、概括、包、连、包含、含、带有、含有、窝、蓄动词，既可用得很具体，也可能很抽象。

（四）小句的行为过程

关于行为过程，述说起来是指人类生理和心理行为过程，人进行的呼吸、咳嗽、微笑，以及做梦、盯和瞅等过程都属于行为过程。在这些行为过程中，其自身不具备突出的特征，表面上看，既有物质过程的特征，又有心理过程的特征，因此说是从物质过程到心理过程，这一循环的连续体之中的中间过渡。此外，在行为小句中，行为者是指发出行为的参加者，是一种有意识的生物存在物。

该过程的无标记时态是现在进行时，如“You're dreaming！”。但也有无标记的简单现在时态如非习惯性行为，如“Why do you laugh？”，不过也常见“Why are you laughing？”，两者区别不大，故又与心理过程相近。由于我们是从语用功能的角度探讨英汉语中体现行为过程的词汇特征，尤其是以英语为参照观察汉语，所以不难找出汉语中作同一功能的词汇，如瞧、视、观、相、盼、顾、张、望、探望、观望、观看、收看、查看、察看、凝视、凝望、注目、瞩目、目送等。

（五）小句的言语过程和存在过程

1. 言语过程

言语过程是关于言谈的，如“What did you say？”“I said it's noisy in here.”。这里的“言谈”是广义的，包括任何象征性的意义交换，如“The notice tells you to keep quiet.”或“My watch says it's half past ten.”。其中的you、I、the notice 以及 my watch 都是各过程中的言语者。言语过程的特征为：首先，参加者除了可以是有意识的之外，也可以不是有意识的。其次，均需带投射性成分。

除言语者之外，还带接受者、言说内容或对象等其他参加者。言语过程中的事件词可以是直接表言语过程的，如 say、tell、repeat、describe、explain、order、promise、flatter、blame、criticize 等，也可以是语义已经虚化了的，通常表物质过程的动词，如 give 与 make。从直接表言语过程的角度看，不难在汉语中找到大量类似动词：告诉、告知、报告、告、晓、喻、语、报、奉告、晓示、告喻；转告、转达、传达、传言、传话、传语；通知、通告、通报；嘱咐、叮嘱、交代、授；数（～罪状）、叙述、讲述、陈述、陈说、陈、述、述说、记述；描述、描写、描绘、写（～景）、状（～物）、刻画、表示、表（～态）；道（～喜）、申（～谢）、鸣（～谢）、表达、发表；抒、达、发挥、阐明、阐发、申说、表明、责问、请示；答、答复；责备、痛斥、非难、责难、非议；数说、数落、抢白、责、斥、怪、谴责、申讨、批；承认；打听、探问、请求、企求、央求、央告、哀求等。

2. 存在过程

首先，存在过程所体现的，是某些事物的存在或发生，如英语中典型的存在关系句是："There was a little guinea pig." "There seems to be a problem." "There has been a phone call."。其中的 there 作主语，动词通常是 be，因而很像关系过程。但其他动词的使用情况说明，这一类小句，既不像关系过程中的属性类，也不像识别类，所以它们不是关系小句。与英语不同的是，汉语表存在过程的典型无标记事件词，不再是与英语动词 be 相当的"是"，而是"有"。汉语中没有像英语的 there + be 那样的句法结构，虽然可用"是"表示，也包含"有"的存在义，但笔者认为它是一个既表关系又表存在意义的动词。英语除 be 动词外，其他任何位于 there 后表存在或发生的动词均有作为表存在意义被选择的可能，如 have、exist、remain、arise、occur、come about、happen、take place 等，不过它们都具有 be 动词的意义。汉语的情况也一样。

（六）小句的其他参加者——受益者和范围

参加者均与过程意义有直接关系。某一个参加者做、发出行为、感知、言说、是或者存在，同时可能带有补充性成分，它们与事件词之间都是直接相关的而非依靠介词作中介。还有两种参加者功能，就是"受益者"和"范围"。韩礼德指出，这两种参加者功能与过程的关系是间接的，后者不是前者的必要成分，其间的关系有时由介词来体现。在功能句法结构中，动作者和目标分别是动词的"逻辑主语"和"逻辑宾语"，而受益者是动词的逻辑间接宾语，范围则是"逻辑同源宾语"。

1. 受益者

受益者主要出现在物质过程和言语过程中，也有出现在关系过程中的。在物质过程中，受益者要么是"领受他人所给之物"的领受者，要么是"过程服务的对象"，即委托者。鉴于它们在句中的位置，两者可带介词，也可不带。在英语中，如果相关小句有介词，领受者带的介词是 to，而委托者带的介词是 for。例如，"She sent her best wishes to John."。其中，John 就是领受者；但

“She sent her luggage to Los Angeles.”中的 Los Angeles 就不是领受者。委托者所受条件限制更严，如“I’m doing all this for Mary.”中的 Mary 就不是委托者，而是一种原因。而只有“Fred bought a present for his wife/ bought his wife a present.”中的 his wife 才是委托者。所以在通常情况下，领受者仅出现于某些“有效”的小句中，如必须具备两个直接的参加者。在物质过程中必须要有一个目标，并且是具有“物品”性质的。而对于委托者来说，“服务”可同样通过一个目标来表达，尤其是一个“创建”的功能成分。因此，委托者出现的句子中可以没有目标，却需“过程 + 范围”（played Mary a tune）或仅有“过程”本身（play for me），当然后者的 for 不能少。而为了体现这些成分是受益者，有必要在过程后加上一个范围成分（play for me；play a tune for me；play me a tune）。可见，受益者一般是人，但也可不是（he gave his bedroom thorough clearing）。不过，“受益”是一个不带标记的术语，因为它同时包括“受益”的反面——“受害”。

汉语最典型的例子是“妈妈给我钱”。这是一个物质过程，有两个参加者，即“妈妈”和“钱”。“我”是“钱”这一目标的领受者；“钱”相当于前面提到的“物品”。在关系（归属）过程中，也有个别受益者，如“She made him a good wife.”中的 him，“They charged Mary two dollars for the call.”中的 Mary。汉语也有类似表达式：他们收 / 罚 / 宰了张三五十元 / 块。按韩礼德的解释其中的动词所表示的是物质过程。

2. 范围

范围是使过程涉及的范围具体化的功能成分。例如，sing a song 唱支歌。在传统语法中，a song 和“歌”是动词 sing 和“唱”的同源宾语。范围可出现在物质、行为、心理和言语过程中。在物质和行为这两个过程中，范围要么表达过程发生所涉及的范围或领域，要么是过程本身。当然，两者之间并无明确界线，而是个单一的连续体。

首先，体现范围的成分可能是一个独立于过程的实体，但与过程发生的范围或领域有关。例如，“Mary climbed the mountain.”中的 the mountain。无论你爬与不爬，the mountain 都是存在的，但这一功能使玛丽发出“爬”这个行为所及的范围得以具体化。可见，这之间已不是一个“做”的关系，如我们不能说“What Mary did to the mountain was climb it.”。不过，在“John played the piano.”中的 the piano 与 played 的关系与前一句中 climbed 和 the mountain 有些不同。因为，the piano 存在的目的是用来 play 的，否则就没有存在的必要。然而，上述两种情况下的范围都是各过程意义涉及的领域，而非过程本身的代名词。至于“The boys were playing football.”中的 football，尽管客观上存在一个称为 football 的东西，但 football 是一项体育活动的名称，而很难说是实体本身。这就涉及下一个问题：范围未必是一个实体，可以是过程本身的代名词。例如，“John and Mary were playing tennis.”中的 tennis 是范围。但 tennis 显然不是实体，而是一个动作（play）的行为名称。于是，我们就有关于英语中物质或行为过程的两类范围意义：实体和过程。

在心理过程中，范围是帮助理解感觉者和现象之间的语义关系的，是对现象功能的一种解释。例如，“You can feel the pressure on your skull.”中的 the pressure on your skull 是 feel 的范围，一旦这一压力消失，由 feel 和 the pressure on your skull 协作体现的心理过程便不复存在。换言之，“压力”和“感觉”是并生的，“感觉”的范围由现象成分“头颅上的压力”来界定和确立。在“Do you prefer tea for breakfast？”中，tea 是 prefer 所延及的范围。因为对于 you 来说，tea 和 prefer 也是并生的，并非先存在一个 prefer，当 prefer 尝试过其他食品或饮料之后才对 tea 感兴趣；而是在感觉者在品尝 tea 后在 preference 与 tea 之间建立的联系。因而 tea 成了 prefer 的（兴趣）范围。而在“I would recognize that face anywhere.”中，recognize 这一过程是在辨认 that face 的同时确立的，从而体现 recognize 所包含的非自主义。

在言语过程中，言语内容则是范围功能。其中有两种言语内容：一是所说内容，如“He made a defiant speech.”中的 a defiant speech；二是言语过程的性质，如“She speaks Russian with her children.”中的 Russian，它们分别与物质过程中的“实体范围”和“过程范围”相关。有了上面的准备，我们就不难理解范围的意义；由此观察汉语，也将比较容易。在传统的汉语语法研究中，体现范围的成分一般都是作为动词的宾语看待的。

第二节　英汉语篇衔接对比

一、英汉语篇照应、替代、省略衔接对比

（一）英汉语篇照应衔接对比

韩礼德和哈桑在其专著《英语的衔接》一书中，把衔接定义为“存在于篇章内部、使之成为语篇的意义关系”。衔接是指语段中，不同部分之间具有的语法和词汇关系，这里所述的关系除了存在于句子与句子间之外，在句子中不同部分之间也有可能存在这种关系。这里就英汉语篇衔接手段中，较为常用的

衔接关系展开对比分析，即围绕着照应、替代、省略，以及省略和词汇关系展开论述。

关于照应，述说起来是指篇章阅读理解中，具有重要地位的一种衔接手段。韩礼德和哈桑认为，在语篇中，如果对于一个词语的解释不能从词语本身获得，而必须从该词语所指的对象中寻求答案，这就产生了照应关系。

通过照应的手段，以代词来对前文提到的内容进行指代，可以最大限度地避免文章的重复啰唆。一方面，使语义能够在表达方面，更加清楚明白；另一方面，在篇章结构方面，也就更加地合理紧凑，从而，使语篇前后连贯，并构成一个整体。也就是说照应是一种语义上的关系，是一个语言成分与语篇上下文中所指对象之间的相互解释。

韩礼德和哈桑对照应进行了进一步分类，分别为人称照应、指示照应和比较照应。虽然英语和汉语属于两种截然不同的语系，但是在照应类型上是基本相同的，只是在具体篇章的照应手段上存在一定的差异。接下来笔者就对英汉篇章中的照应关系进行一个具体的对比研究。

1. 人称照应

人称照应是照应关系里的一个重要范畴，通常把人称系统划分为第一人称、第二人称、第三人称。在人称照应系统中，英语和汉语并不是一一对应的。下面将通过以下示例来论述分析语篇中的人称照应。

①但丢下立达这个学校，这班朋友，这班学生，他一定不甘心，不瞑目！（朱自清《哀互生》）

译文：But it must have been very hard for him to close his eyes and resign himself to the fact that he was leaving his Lida School，his friends and his students behind.

②又嘱托茶房好好照应我。我心里暗笑他的迂，他们只认得钱，托他们真是白托！（朱自清《背影》）

译文：He also asked the train attendants to take good care of me. I sniggered at him for being so impractical，for it was utterly useless to entrust me to those attendants，who cared for nothing but money.

在英语中，人称代词有性数格的变化，例①中原文只用了一个“他”，而英译中用了代词 he 以及 he 所属的限定词 his、宾格 him。

例②中原文用了主语“我”及代词“他们，他的”，英译文中出现了主语 I 及 I 的宾格 me。从语法功能上看，英语人称代词有格的变化，汉语人称代词则没有格的变化。汉语中的主语和宾语在形式上没有区别，所谓汉语的所有格意义则是在人称代词后加“的”，如我的、你的、他的等。

③这又怪又丑的石头，原来是天上的呢！它补过天，在天上发过热，闪过光，我们的先祖或许仰望过它，它给了他们光明、向往、憧憬。而它落下来了，在污土里，荒草里，一躺就是几百年了？！（贾平凹《丑石》）

④于是洗手的时候，日子从水盆里过去；吃饭的时候，日子从饭碗里过去；默默时，便从凝然的双眼前过去。我觉察他去的匆匆了，伸出手遮挽时，他又从遮挽着的手边过去，天黑时，我躺在床上，他便伶伶俐俐地从我身上跨过，从我脚边飞去了。（朱自清《匆匆》）

⑤上头说把沟堵死。好吗？沟一堵死，下点雨，咱们这儿还不成了海？（老舍《龙须沟》）

例③中共出现 4 次“它”，和石头构成照应关系。例④中出现的“他”都是指代前文的日子，这里的“他”用了拟人的手法。英语和汉语中第一人称和第二人称没有性的变化，只有第三人称有性的区别。汉语中，如“他、他们”为男性，“她、她们”为女性，“它、它们”为中性，复数形式也有相应的变化，通常的表达形式是在人称代词后加“们”，如我们、你们、他们。当然，汉语中还存在着一些其他人称代词，如俺们、咱们、别人、大家等，可以看例⑤的用法。英语里 he 为男性，she 为女性，it 为中性，但是，英语在第三人称复数上没有性的区别，复数全部用 they 指代。

⑥一只做了标记的蜜蜂从盘中喂饱自己以后就飞回了蜂箱了。

译文：A marked bee fed itself from the dish and returned to the hive.

英语中除了有性别的差异外，还有反身代词的用法，而汉语里的“自己”就具有相同的意义，或加在人称代词后，如我自己、他自己等。例⑥中的“自己”与“蜜蜂”照应，英译文中 itself 与 bee 照应。

2. 指示照应

指示照应是指说话人通过指明事物在时间和空间上的远近来确定所指对象。所指内容可以是物、事件、地点、时间、状态等。汉语中用到的指示代词如这、那、这会儿、那会儿、这么、那么等，英语中有 this、that、these、those、the 等。笔者将通过以下示例来论述分析语篇中的指示照应。

①这又怪又丑的石头，原来是天上的呢！（贾平凹《丑石》）

译文：We had never expected that such a strange and ugly stone should have come from the sky！

②这个希望使它注视着地上，等着，等着生或死。（老舍《小麻雀》）

译文：With that hope it gazed at the floor，expecting either to survive or die.

③这是独处的妙处，我且受用这无边的荷香月色好了。（朱自清《荷塘月色》）

译文：That is the beauty of being alone. For the moment，just let me indulge in this profusion of moonlight and lotus fragrance.

通过以上例子的中英对比，我们发现在汉语语篇中，这可以用来指代别人说过的话、做过的事或回指上文中刚提到的内容，相同的情况在英文中则用 that。正如王治奎曾提道："汉语的'这'和'那'以及英语中的 this 和 that 都常用于指示照应粘连（衔接），在语义上基本相同，但指称功能却大不一样。汉语的'这'往往起一种化远为近的作用，其功能负荷量大于'那'，因此使用频率也高于'那'而在英语中却恰恰相反。"

值得注意的是，英语和汉语在指示指称上有一个很大的差异，英语中存在一个定冠词 the 来充当限定词，定冠词的基本功能不是语义的，而是语法的，因此，定冠词没有词汇意义。汉语中没有定冠词，在表达相应的指称意义时需要借助零式特指或"这、那"等。

④这幅画是一部用思考和修养完成的杰作，它既有历史感又有现代艺术语言的独特性。（袁运甫《我所认识的吴冠中及其绘画》）

译文：The painting is a masterpiece reflecting deep insight and artistic attainment; it expresses a sense of history by using specific modern artistic vocabulary.

⑤稍稍能安慰我们的，是在那石上有一个不大不小的坑凹儿，雨天就盛满了水。（贾平凹《丑石》）

译文：The only thing that had interested us in the ugly stone was a little pit on top of it，which is filled with water on rainy days.

例④原文中的"画"用"这"来指使，而在英语译文开头则用 the 特指 painting。例⑤原文用"那"指代石头，译文中用 the 特指 ugly stone。所以在汉语语篇中"这、那"的使用相当于英语中的定冠词 the。

3. 比较照应

英汉语的比较照应从意义上来讲区别不大，只在表达上存在一定的差异。这里我们不作为重点，简单地进行比较。通过以下示例，来论述分析语篇中的比较照应。

①天下之佳人，莫若楚国；楚国之丽者，莫若臣里；臣里之美者，莫若东家之子。

②这一切他都不管了，就像昨天还当作神来崇拜的那些打碎了的庄严扫地的偶像样，用不着管了。

③ All these days he had been as sullen as silent.

④ Indonesia is a greater plywood exporter than the rest of the Asian countries.

从上面的例子可以看出，汉语在表达比较意义时都是通过词汇或句法来表达的，在同级比较上常用“同等，同样，和……一样”等词，在差级比较上常用“没有 / 不如，比……”。而英语除了词汇和句法的表达之外，还有形容词和副词的形态变化。

（二）英汉语篇替代衔接对比

韩礼德和哈桑对替代进行了划分，主要分为三类：一是名词性替代；二是动词性替代；三是从句性替代。关于替代和照应的区别：照应是一种语义关系；替代是一种词汇语法关系。

1. 名词性替代

英语用代词或某些名词来取代名词词组，如指示代词、关系代词、连接代词、不定代词和名词。用替代词取代名词词组或名词词组中心词这一语法现象叫名词性替代。英语中名词替代词主要为 one/ones，还有 the same、the kind、the sort 等，汉语里由“也、同样的”等构成替代。笔者将通过以下示例来论述分析语篇中的名词性替代。

① I went up the shore，and down the shore，but it was all one； I could see no other impression but that one.

② Seldom-readers are slow readers，and without this expedient，no one in the company would probably ever travel through the contents of a whole paper.

译文：不常读书的人读起东西速度就慢。如果不是靠着那种办法，他们当中恐怕难得有人能够读完一整张报纸。

③ A：Can I have a cup of black coffee with sugar，please？

B：Give me the same，please.

译文：A：请给我来一杯加糖的黑咖啡。

B：请给我也来一杯同样的。

例①节选自《鲁滨孙漂流记》，通过阅读小说可知，例句中两次出现的 one 都替代上文的 foot print，这样不仅避免了用词上的重复，而且在篇章结构上更加紧凑一致。例②英文中的 one 替代上句中的 seldom-reader。例③中 the same 替代前句的 a cup of black coffee with sugar，它可用作整个名词词组的替代词。汉语表达中用“也、同样的”替代“加糖的黑咖啡”。

2. 动词性替代

用动词替代词去替代动词词组（即谓语）或动词词组中心词（即谓语动词）的语法现象叫作动词性替代。英语动词性替代通常由 do、do so 等一定形式担任。笔者将通过以下示例来论述分析语篇中的动词性替代。

① I'll lay my life that he meant nothing further，indeed，it would be very strange and unreasonable if he did.

② Mr. Bingley inherited to the amount of nearly an hundred thousand pounds from his father，who had intended to purchase an estate，but did not live to do it.

③ He was surprised to have to open a local account but was willing to do so to extend his trip.

例①中 did 替代的是 like to have our own way，例②中 do 替代 intended to purchase an estate，动词 do 还可与 so 搭配构成复合动词 do so，表示替代关系，如例③中 do so 替代 open a local account。

在汉语中动词性替代不如英语使用广泛，最常见的动词性替代词为“来、干、弄、做”，如下例所示。

④妈你休息一下吧，还是让我来吧。

⑤找个会绣的人请教一下吧，这个我也搞不懂。

⑥时间马上就要到了，你真的能弄好吗？

3. 从句性替代

从语篇的视角出发，运用替代有助于建立句子之间的衔接关系，可以加强语篇前后承接的连贯性。关于英汉两种语言中的替代现象，它们之间在有共性的同时，也有着差别的存在。笔者将通过以下示例来论述分析语篇中的从句性替代。

① Do you have any difficulties in doing your project？ If so，don't hesitate to tell me so I can give you a hand.

② People believe that Class One will win the game. Our monitor thinks so，but I believe not.

③今晚若有采莲人，这儿的莲花也算得“过人头”了；只不见一些流水的影子，是不行的；这令我到底惦着江南了——这样想着，猛一抬头，不觉已是自己的门前。（朱自清《荷塘月色》）

④它在院里跳，有时飞一下，不过是由地上飞到花盆沿上，或由花盆上飞下来。看它这么飞了两三次，我看出来：它并不会飞得再高一些。（老舍《小麻雀》）

例①中的 so 替代前句 have any difficulties in doing project；例②中的 so 替 that Class One will win the game，not 则表示对前分句的否定；例③中“这样”替代前一句作者的想法；例④中“这么”替代前句描述的小麻雀飞的状态。综上例子来看，英语中用替代词 so 来替代肯定陈述分句，通常替代在句中充当宾语的 that 分句，常见于一些表示看法、意见的动词之后，用 not 替代否定陈述分句，用法与 so 相似，通常也只用于少数表示“看法、设想”的动词之后。汉语中则常用“这样、这么、没有”等词或省略的形式。

（三）英汉语篇省略衔接对比

省略是重要的语篇语法衔接手段之一。这一手段不仅被广泛运用于英语之中，在汉语中的运用也是非常常见的。韩礼德和哈桑认为，省略是一种“省去不提的成分”，其大意是省略一些在上下文中已经出现过的内容。省略主要有使语言简练、清晰，以及避免重复的作用。接下来笔者将依据韩礼德对省略的三种分法——名词性省略、动词性省略和小句性省略来进行比较分析。

1. 名词性省略

名词性省略通常指名词性短语中的中心词和部分或全部修饰语的省略。笔者将通过以下示例来论述分析语篇中的名词性省略。

①我轻轻地问大夫：“来过了吗？”她说：“（）来过了，给妈妈打了一针……她现在很好。”（冰心《小橘灯》）

②我和她聊起来，（）知道她工作很忙，（）明天得赶回上海，（）又没带钱，（）便给她一些钱并帮她买了一张回上海的票。

译文：From my chat with her，I learned that she was very busy with her work and had to hurry back to Shanghai the next day；and since she hadn’t brought money with her. I gave her some money and bought her ticket to Shanghai.

例①中省略了“大夫”一词，例②汉语在后面的表达中省略了人称代词“我”和“她”，而在英译文中则都需要补齐，否则在语法结构上就会出错。可见汉语的主语省略较多，而英语中比较少见。

2. 动词性省略

动词性省略指出现在动词短语中的省略。笔者将通过以下示例来论述分析语篇中的动词性省略。

① Histories make men wise；poets（ ）witty；the mathematics（ ）subtile；natural philosophy（ ）deep； moral（ ） grave； logic and rhetoric（ ）able to contend.

译文：读史使人明智，读诗使人灵秀，数学使人周密，科学使人深刻，伦理学使人庄重，逻辑修辞之学使人善辩。

②“You know how to use that thing，Mr. Dead，sir？”

“I know how（ ）.”

③“你已经工作了整整 12 个小时了，身体能扛住吗？”

“能（ ）。”

例①英文原句中省略了谓语动词，第二、第三、第四小句省略了与第一句相重复的动宾结构 make them，在相应的汉语译文中，则不能省略。例②的回答 I know how 后省略了动词不定式结构 to use that thing，保留了操作词 I know how，在语法结构上有明显的标记。例③一个“能”字回答了上面的提问，省略了主语和实义动词“扛住”，但是在语法上没有任何标记。

首先，汉语是以语义为中心的语言，它不重视形式，不管句子是否完整，只要表达清楚，与意义无关的形式成分皆可省去。其次，由于汉语的动词没有时态的变化，所以汉语动词的省略不能从标记上看出来，而在于上下文表达的意思。汉语的动词性省略基本出现在对话语篇中，而英语的动词性省略在对话语篇和正式文体中都比较常见。

3. 小句性省略

小句性省略指的是整个小句或小句的一部分被省略的现象。笔者将通过以下示例来论述分析语篇中的动词性省略。

① A：How many books do you need？

B：Three.

译文：A：你需要几本书？

B：三本。

②“Do you know this here voice，Oliver？”said Mr. Bumble.

“Yes，（ ）”replied Oliver.

译文：“你听声音知道我是谁吗，奥利弗？”班布尔先生问。

“（ ）知道（ ），”奥利弗回答。

③常四爷：乡下是怎么了？会弄得这么卖儿卖女的！

刘麻子：谁知道( )！要不怎么说，就是一条狗也得托生在北京城里嘛！（老舍《茶馆》）

例①中的回答可以还原为“I need three books.”，汉语回答为“我需要三本书”；例②的回答 yes 后省略了小句 I know this here voice，中文译文中则省略了主语“我”和小句“你是谁”；例③的回答“谁知道”后省略了“乡下是怎么了”。

从以上例子可以看出，英汉语小句中省略掉的语言成分是在问话中被预设的。英汉两种语言中的分句省略具有相似性，一般都较多地出现在问答语句中。

二、英汉语篇词汇衔接对比

词汇衔接是被广大话语分析研究者所重视的一种用于语篇衔接的手段。词汇衔接是指通过词汇间的语义关系，来完成语篇的衔接，并使之变得连贯起来。词汇衔接主要分为两大类，分别是复现和同现。

（一）英汉语篇词汇衔接——复现

大量的语言事实反映出英汉语在进行语篇衔接的过程中，都会使用到词汇复现关系来实现。区别处只在于英语中对于复现关系的使用频率要高于汉语使用词汇复现的频率；英语中对于复现关系的使用，相较于汉语词汇复现的使用要丰富得多；英语中对复现关系的使用多倾向于各种手段交错使用，而汉语中对词汇复现关系的使用多倾向于原词重复。一方面，在进行英文的汉译时，常常采用重复原词的方法；另一方面，在进行汉译英时，要注意依据需要，对各种词汇复现进行适当且交错的使用。这里讨论的复现，主要包括原词复现、同义词或近义词复现，以及上义词和下义词复现。其中，原词复现述说起来是指通过重复上文已出现过的词，来实现语篇的连贯，如下例。

①每种艺术都有自己的表现手段。画家的表现手法是颜料，音乐家的表现手法是声音，作家的表现手法的词语。

译文：Each art has its own medium：the painter his pigments，the musician his sounds，and writer，words.

②他没睡多久，可是一入睡便梦到如花似玉的公主，梦到富丽堂皇的城堡，梦到黄金，梦到白银。

译文：He did not sleep much，but when he did he dreamed of beautiful princesses，splendid castles，and gold and silver.

③孔乙己便涨红了脸，额头上的青筋条条绽出，争辩道：“窃书不能算……窃书……读书人的事，能算偷么？”（鲁迅《孔乙己》）

译文：At that Kong Yiji would flush，the veins on his forehead standing out as he protested，“Taking books can’t be counted as stealing... Taking books... for a scholar... can’t be counted as stealing.”

④宋、元时期出现了圆镜、长方镜、菱镜、八棱镜和带柄手镜等。清代以后，逐渐被玻璃镜所代替。（袁国延《铜镜》）

译文：During the Song and Yuan Dynasties the bronze mirrors appeared in all shapes：round，rectangular，rhomboidal，octagonal，and those with a handle. Since the Qing Dynasty，however，the bronze mirror has gradually given way to the glass mirror.

例①、例②属于原词复现，汉语中的原词复现不仅可以起到强调的作用，还可以使语篇整体连贯，读起来朗朗上口。因此原词复现是汉语中最常见的一种语篇衔接手段，而英语中最常用的是照应、替代、省略的形式，上文已将其做了粗略比较。例③选自王治奎的《汉英翻译教程》，将“窃”与“偷”这对同现词分别译作 stealing 和 theft，以充分传达其概念的同一性，属于近义词复现，这在英汉中都比较常见。例④中提到的各种镜都是镜子的下义词，上义词和下义词复现在英汉语中也很常见，在语篇的衔接上差别不大。

（二）英汉语篇词汇衔接——同现

韩礼德和哈桑认为，同现关系指词汇在语篇中共同出现的倾向性。词汇的同现关系包括反义关系、互补关系、局部—整体关系、搭配关系等，如下例。

① After a few minutes playing together，the new girl pointed to the older sister and asked，“How come you are so pretty，” and then to the younger sister，“and you’re so ugly？”

译文：一起玩了一会儿，新来的女孩指指姐姐问：“为什么你这么漂亮，”然后转向妹妹，“你却这么丑呢？”

② Dreaming in the memory is not as good as waiting for the paradise in the hell.

译文：在回忆里继续梦幻不如在地狱里等待天堂。

③ Red fox，also known as fire fox，has a slender body ，a pointed mouth，big ears，short limbs and a long tail.

译文：赤狐又叫红狐、火狐等，长着细长的身体，尖尖的嘴，大大的耳朵，短小的西肢，身后还拖着一条长长的大尾巴。

例①、例②都是反义和互补的关系：漂亮—丑，地狱—天堂，pretty—ugly，paradise—hell，上下义关系侧重于命名上的内涵，而局部—整体关系则是侧重实体上的“内包”。例③英语中的 body 与 mouth、ears、limbs、tail 等构成局部—整体关系，中文译文也同样的构成局部—整体关系。

英汉语篇中的四种衔接手段，包括照应、替代、省略和词汇衔接之间存在的差异是比较大的。首先，从照应的角度出发，人称照应、指示照应，以及比较照应三者之间除了在形式和表达上存在差异之外，还在使用功能上有着极大的差异。

其次，从英汉替代的比较结果出发，英汉语篇中的区别在于，英语有汉语中所没有的词的曲折变化形式，以名词性替代词为例，它有着单复数形式的区分，在动词性替代词方面，有着时态上的形式变化等。由此可见，英汉两种语言中的替代现象，并没有一个一一对应的具体表达形式。在省略方面，英语中的省略常伴有形式或形态的变化，但是汉语没有，只要意思能够表达清楚，对于省略什么成分并没有要求。在词汇衔接方面，汉语中多使用原词复现来强调语义关系，使语篇连贯，而英语则多用照应、替代、省略的形式来表达。

第五章　英汉语言的修辞对比

在人类相互交往的过程中，为了能够生动且准确地表达和传递信息，就需要调动和充分利用各种语言因素，选择适宜的语言表达方式，在形象中表情达意，在诙谐中化解尴尬，以达到预期的交际效果，于是，修辞便应运而生了。修辞是在英汉两种语言中都会用到的，因此，笔者对英汉语言的修辞比对进行了研究。本章主要分为仿拟修辞对比、隐喻修辞对比、借代修辞对比三部分。

第一节　仿拟修辞对比

一、仿拟的相关概述

在汉语翻译中，仿拟（parody）一词又被称为“仿化”，有仿照或是变化的意思。人们可以通过仿拟，将一些熟悉的谚语、格言进行加工，已达到“改头换面”的效果，最终使其形成一种新奇的表达效果。当然，仿拟也适用于一些文章的体裁。

仿拟实际上是故意仿照一种既成的言语形式，其作用在于使语言变得更加富有讽刺感和诙谐感。我们通常将其划分为四种，即仿语、仿句、仿词和仿调。这种汉语修辞基本与英语词格“parody”相对应。在英语词典中，parody 被解释为：“（a piece of）writing intended to amuse by imitating the style of writing used by somebody else”（通过对他人写作风格的模仿进行写作，也可以视为一种较为有趣的写作方法）

由此可见，仿拟不仅是一种修辞方式，同时还是一种绝佳的造词手段。在词库词汇原有意义的基础上，将其进行巧妙的更换，便仿照出了另一个新奇的语言或词汇，而后附着上人们对其的联想，便能使用仿拟的手法创造出大量类推词群。仿拟手法已经成为创造新词的一个重要渠道，这一点已被证实。

二、仿拟的结构特点及表现方式

（一）仿拟的结构类别和特点

仿拟在一般情况下可创造新的词语。例如，visual pollution（视觉污染）、water pollution（水污染）、the environmental pollution（环境污染）等。基于仿词和被仿词之间的相互对应关系总是存在于仿拟造词之中，因此，根据仿词和被仿词之间的相互对应关系，笔者将其分为以下两种。

1. 仿前式

简言之，仿前式是指把被仿的某个词的前一个或多个语素进行适宜的更换，但在此期间要保持后边的一个或多个语素不发生变动。与仿后式相比，仿前式使用更普遍且频繁些。例如，国歌—厂歌 / 校歌，座谈—卧谈，酒吧—网吧 / 奶吧，国际—人际 / 校际 / 厂际 / 省际，先进—后进，导游—导购，铁饭碗—泥饭碗 / 金饭碗等。

2. 仿后式

与仿前式恰恰相反，仿后式仿拟的对象主要是原型词结构，且在此基础上对该词后边的一个或几个语素进行替换，保持前一个或几个语素不被更改的一种方式。较仿前式相比，仿后式使用偏少。例如，廉政—廉业，国手—国脚，空姐—空嫂 / 军嫂。

总的来讲，仿拟具有一定的临时性、模仿性、易变性和幽默性等特点。通过人们的反复使用，那些偶发性的言语词便逐渐被社会认同，而后便有了作为语言词的资格，此时，这些言语词便会被纳入语言词汇系统里。

（二）仿拟的表现方式

仿拟从某种意义上来讲是一种带有目的性的模仿，它的特点在于，其内容上有所变动，但在形式上是相似的，甚至是相同的。名句、言语、典故等，都是其所针对的对象，且将对象的固定语言形式予以巧妙改变，根据新的语境随机创造出另一种新的表达形式。接下来，笔者将列举一些实例来进行简单的分析。

① A friend in need is a friend to be avoided.

译文：危难中的朋友是一个避而远之的朋友。

当我们读到这个句子时，不难想起谚语“患难见真情”（A friend in need is a friend indeed），由此便可知晓，上面的例句是仿拟人们所熟知的这句谚语而来的，巧妙的是，作者对其稍加改动，便道出了世态炎凉的意境。

② Live and Let Lib.

译文：自己解放，也允许别人解放。

“自己活，也让别人活”（Live and let live），这个成语相信大家再熟悉不过了，上述文章标题便是仿拟了这则成语得来的。其文章主要对美国妇女的解放进行了表述。然而，当美国妇女的解放运动被扣上“women’s lib”的头衔时，人们便可轻而易举地了解到作者对妇女解放的实质性态度。

我们最好不要小看仿拟，因为，有些仿拟虽然不能完全涉及成语或谚语中所有词语的词序，但通常也能引起整个内容上的显著变化，从而形成与谚语或成语等的强烈对照。请看下列例子。

Isabel drove with Goodrich beside her. Happy, but still feeling she was casting swine before pearls, Isabel was painfully conscious of the short comings of the scenery; above all its literal flatness.

“cast pearls before swine”这句英语谚语被上述例句中的“casting swine before pearls”进行了换序表述。“将珍珠丢在猪前”这则谚语实际上是一句隐喻，其真实的意思是“将最珍贵的东西拿给无法欣赏的人”，但是将其换序后，它的意思便发生了巨大改变，即“极具欣赏才能的人遇上了不值一游的风景”。

三、仿拟的存在与运用基础

交际双方为何能相互进行传递，且又能对彼此的意图有所了解，这是一个值得思考的问题。从关联理论的观点看来，语言交际活动实际上是一个由示意到推理的过程。

我们先从认知心理学角度进行分析，当一个说话者在说话过程中使用仿拟修辞时，怎样的示意是十分经济的呢？即将自己试图表达的思想放置前面已经说过的或是大家相对熟知的言语中。简单来讲，说话者所关注的是其最佳相关性。要知道，语言交际也是一种活动，而且是一种认知活动。因此说话者需要遵循一定的逻辑认知，且听话者也应当按照一定逻辑来认知说者所说的话语。想要做到这一点，就需要话语者彼此间建立“共有知识”（shared knowledge）基础，而这种“共有知识”从某种意义上来讲，最好是“互为显映”（mutual manifestness）的心理表征，显映可感知的或可推理的信息。

以最小、最简单化的处理来获取最大的语境效果是说话者“仿拟”的目的所在。然而，仿拟对于听话者而言，在其认知心理上也是最为经济的，因为基于已知基础推理新语境，要比从非已知的陌生方面去理解其意思更为省力。虽然说语言具有一定的局限性，但是，对于语言交际起到辅助性作用的并不都是具体场合因素，除此之外，认知因素也起着巨大的作用。

由于语用者通过自身的经验已经把相关的语境认知化、内在化，因此语用者对于语言信息超载部分没有必要一直依赖于具体的语境。语言使用者在具体场合尚不明确的情况下，可以有意或无意识地运用知识进行推导，这时候，认知语境（cognitive environment）便成了主要依赖对象。

四、仿拟给语言系统带来的显著影响

（一）词缀化的特点明显

随着黑人民权运动在20世纪60年代的兴起，sit-in（静坐示威）一词开始出现，且随后又出现了一系列新词语，如camp-in（在白宫外露宿示威），kneel-in（在教堂里祈祷示威），ride-in（在公共汽车上坐车示威）等；近些年还出现了study-in（学习会），laugh-in（电视里的谐趣节目），sing-in（齐唱）等更新的词。这些老词缀在仿拟造词类推的影响下，现阶段构词能力被提升，且其适用范围也被扩大。例如，“性”，该词缀过去都是附在形容词或名词语素后，如“天然性、危险性”等。之后随着仿拟造词的普遍运用，“性”又可以附加在不常组合的形容词性和名词性成分之后，如“时代性、地方性”等。除此之外“性”还可以附加在动词性成分之后，如“批判性、传播性”等。当然，在数量结构之后，“性”亦可附着，如“两面性”等，这无疑扩大了它的适用范围。再如，“老”作为词缀，它之前很少用在数量上，大多用于称人的语素上，如“老人、老外”等，仿拟造词的普遍运用使“老”的用法变得广泛许多，把“编辑”叫“老编”，还可以把“炊事员”称为“老炊”等，且我们不难发现，放置在“老”后边的诸多语素大多都是简称。

（二）丰富了词汇的宝库

人类基于语言符号的局限性、社会新事物的多样性所引发的矛盾，逐渐学会使用仿拟造词的高效手法，在短时间内创造出了海量新词汇。创造过程采用的方式呈多元化。一方面有按照固有方式进行的；另一方面有出于相同的被仿词和仿词语素进行的。

这会造成语义上具有较强概括性的情况出现，因此，基于该种方式再生的能产性会相对高一些。从某个角度上来看，虽然还有部分高产性词语的生命力尚不稳定，仍旧处于言语词向语言词的过渡阶段，但如果单从创造新词语的角度来看，它们对词汇库还是给予了极大丰富。

（三）使用中应注意规范化问题

不少商人看准了仿拟具有新颖出奇的修辞功能，而将其利用在产品广告上，且最终的效果也是显而易见的有效。例如，“布一样，就是不一样”，这则广告主要用于某服装广告；“来也匆匆，去也冲冲”等。再如，日本三菱公司进军美国市场的一则广告“Not all cars are created equal.”，它可以看成是“Not all that glitters is gold.”和“All men are created equal.”两句的仿拟。

在上述几则广告中不难发现，各广告界的大师们，在对各民族客观事物以及自然属性、民族理念有所深入了解后，再采用仿拟的方法创造出相应的广告，从而使其深入客户内心，使自己所推崇的国际产品本土化。但也正因仿拟方法使用太过广泛和频繁，因此在语言的使用上出现了诸多不规范的现象，如“饮”以为荣，形容酒的广告；默默无“蚊”，这是一则蚊香的广告；随心所“浴”，这是一则沐浴液的广告。

第二节　隐喻修辞对比

一、隐喻的类别

（一）扩展式隐喻

有一类隐喻的同一个本体可以从不同角度、不同方面引出许多喻体来，称为扩展式隐喻，或乔治·拉科夫模式。如下例所示。

Education is writing on blank paper or a tablet.

译文：教育是在空白纸或表上写字。

Education is piling up goods in a warehouse or store.

译文：教育是在仓库或商店里堆放货物。

Education is mining.

译文：教育是开矿。

Education is eating and drinking.

译文：教育是吃饭、喝水。

Education is going on a journey.

译文：教育是旅行。

上述各句中比喻本体均为 education，而 is 相当于喻词（一般认为隐喻没有喻词），各喻体从各方面论及了 education 的特征，也反映了英美人的惯用思维方式。

（二）认同式隐喻

通常我们会用一个有形象意义的喻体认同本体，且使二者在上下文中同时出现视为认同式隐喻。其中，to be 是典型的喻词。

① The growing savings and loan scandal is a time bomb for President Bush that might not go off this year but could cause him serious political troubles by 1992.

译文：牵连日广的储蓄贷款业丑闻是布什总统的一枚定时炸弹。这枚炸弹虽然不一定会在今年爆炸，却可能在 1992 年为布什带来重大的政治困扰。

此句讲的是 1990 年老布什掌政时美国国内最轰动的事件，一大批储贷银行的倒闭，涉及政府管理上的弊端。比喻本体是 scandal，喻体是 a time bomb（喻词是 is），相似点是两者都具有爆炸性，相异点是分属两个范畴：一个是社会事件，另一个是威慑武器。因此比喻鲜明、生动、有力。

② Inner-city policing is a domestic Vietnam war，a dangerous lose-lose battle waged by a confused, misdirected, ungrateful force.

译文：市中心贫民区的治安工作是一场国内的越南战争，由一支思想混乱、指挥失误、不被领情的部队进行的一场危险的只输不赢的斗争。

这是一例很典型的隐喻。从此例可看出，在美国，人们对警察工作的艰辛体会不深，而对越战失败则刻骨铭心。例中连用 confused、directed 和 ungrateful 三词，是为警察鸣不平，以争取公众对警方的同情。

（三）折射式隐喻

有些时候，隐喻中的本体和喻体不会直接在同一时间出现，那么，为何会如此呢？其主要是为了避免过露过直，想要给读者留下想象的余地，同时带有一种含蓄的美感。与此同时，还可能是出于策略性的考虑，不提为好，心照不宣。在这种隐喻中，本体和喻体的关系比在认同式隐喻中更为密切。如下例所示。

Sam devours book.

译文：书可以读，但不能吃。

The ship ploughs the sea.

译文：大海不是大地，只供航行，不可耕耘。

上述两例可以理解为本体明确，喻体没出现（食品喻书；大地喻大海），但由动词性喻词折射出来。

（四）与明喻同样的分类方式

与明喻一样，隐喻通常也可分为描写性、启发性和说明性三类。

1. 描写性隐喻

The hallway was zebra-striped with darkness and moonlight.

译文：大厅走道旁的窗和窗框在月色照耀下，投洒在地上成的影子就像斑马纹的人行道一样。

这句话便是一种描写性隐喻。

2. 启发性隐喻

The tree of liberty must be refreshed from time to time with the blood of patriots and tyrants. It is its natural manure.

自由之树必须不断地用爱国志士和专制统治者的鲜血来浇灌，因为鲜血是天然的肥料。

在上述例子中，树木和肥料是比喻喻体，自由和血是比喻本体。树木要不断用水和肥料来浇灌，自由要不断用血来浇灌。同时，这里指代的血，不仅有自由卫士的，同时也有压制自由者的，暗示想要自由，便会有斗争的存在，同时也需要付出流血和牺牲的代价，要向敌人讨还血债。

（五）英汉习语设喻

汉语中也有用动物作喻体的习语，如“螳臂当车”“蚍蜉撼大树，可笑不自量”“鹬蚌相争，渔翁得利”等。有些内容相近或相同的英汉习语，包括英语中的 proverbs、sayings、colloquial phrases、allusions、idioms 和 slangs，汉语中的成语（典故）、引语、俗语、歇后语和谚语等，常使用比喻手段。由于人类在思维上具有共通性，因此在英汉语中有些设喻是相似的，其意义也相近。但需要注意的是，比喻与其他大多数修辞手段相同，都具有一定的民族色彩，所以便会产生以下四种情况。即设喻形象相似，含义也相近；另一种是设喻形象相似，含义不同；还有一种是设喻形象各异，含义相近；再有一种是设喻形象各异，含义也不同。

1. 设喻相似，意义相近

All is not gold that glitters.

译文：闪光的不都是金子。

All roads lead to Rome.

译文：条条道路通罗马；殊途同归。

Beauty is in the eye of the beholder.

译文：情人眼里出西施。

Better late than never.

译文：迟到总比不到好；迟做总比不做强。

Bite off more than one can chew.

译文：贪多嚼不烂。

Courtesy costs nothing.

译文：礼多人不怪。

Pour oil on the flame.

译文：火上加油。

Strike while the iron is hot.

译文：趁热打铁。

a paper tiger

译文：纸老虎

a wolf in sheep's clothing

译文：披着羊皮的狼

play the harp （lute）to a cow

译文：对牛弹琴

由于国外有些养牛户在奶牛前放音乐使牛多下奶，因此可误解为“让牛下奶的增产措施”。为避免此误解，可用 cast pearls before swine 来表示“对牛弹琴”，但两种语言中的设喻就不同了。

2. 设喻相似，意义相异

touch and go

译文：处境危险（不是一触即发）

in the same boat

译文：同处于困境（不是同舟共济）

Once bitten，twice shy.

译文：一回上当两回乖。（不是一朝被蛇咬，十年怕井绳。）

3. 设喻各异，意义相近

A good conscience is a soft pillow.

译文：白天不做亏心事，半夜不怕鬼敲门。

a lion in the way

译文：拦路虎

All is fish that comes to one’s net.

译文：抓到篮里便是菜。

Birds of a feather flock together.

译文：物以类聚，人以群分；一丘之貉。

a flash in the pan

译文：昙花一现

apple of one’s eye

译文：掌上明珠

4. 设喻各异，意义相异

我们仅用部分动物的不同象征意义来说明英汉语中不同的设喻情况。

（1）龙（dragon）和凤（phoenix）

在中国文化传统中，人们把龙和凤视为高贵、吉祥之物，所以汉语里有“望子成龙”一说，凤则代表女性至高无上的权力，也是美丽女性的象征，如“山沟里飞出个金凤凰”。西方人则认为龙是凶残肆虐的怪物，应天诛地灭；而凤则是劫后重生之物。据传说，一只凤可活500来年，临死前筑起一个巢，唱上一支曲子，点上一把火，并扇翅将火烧旺，将自己烧成灰烬，然后再从这堆灰烬中飞出一只新凤凰。因此，如今人们期盼劫后重生或重建，就说：“...like the legendary phoenix，rise from the ashes in new splendor.”。

（2）猫头鹰（owl）和蝙蝠（bat）

中国人习惯上把猫头鹰看作凶鸟，谁碰到谁倒霉，因此汉语中有“夜猫子进宅——厄运将至”一说。因为蝙蝠的“蝠”与“福”同音，所以它象征吉祥、健康、幸福、招财等。西方人认为猫头鹰是智慧的象征，如 as wise as an owl，但是他们对蝙蝠无好感，如 as crazy（blind）as a bat，甚至认为蝙蝠是丑陋、凶恶和吸血动物的典型代表。

（3）老虎（tiger）和狮子（lion）

中国人认为老虎是兽中之王，是威武、雄伟、凶猛之象征，汉语中有“山中无老虎，猴子称大王”一说。西方人认为狮子才是百兽之王，如“regal as a lion”。

（4）狗（dog）和熊（bear）

中国人虽也用狗看家，视其为宠物，但并非感到所有的狗都可爱；狗虽忠实、可靠、勇敢但往往使人联想到令人厌恶的东西，如“走狗”“狗改不了吃屎”。西方人认为狗是人类最好的朋友，但也不总是为狗说好话，如“You dog!”（你这狗东西）。

英汉语中，熊都有笨拙之意，但在汉语中，它还常表示“窝囊”“没出息”，如“你真熊！”。在英语中常用 bear 指代苏联，含“庞大”“凶猛”“危险”等含义。

二、英汉隐喻词对比

（一）喻体对比

何为喻体（vehicle）？即比喻某种形象思维的载体。英汉词汇中隐喻词对于喻体的选择具有两个基本属性，即共性和个性。

1. 英汉喻体具有共性

基于英汉的修辞比喻在喻体选择上通常表现出共性，即在对同一个事物喻指的过程中，往往使用同一个喻体。这主要归因于人类赖以生存的一切外部条件以及自身都存在着共性，它包括天气、物质、地理乃至整个人类社会的发展过程。

例如，“耳鼓”是耳朵接受声波震动的耳膜，这是英语和汉语都认同的统一观点，也就是说，在汉语里同样说“鼓膜”，“鼓”是其喻体；又如，laughingstock 与“笑柄”都将笑料视为有“柄”可执的器物；broadcast 与“广播”同样都以“撒播种子”喻指“传播新闻”。这些都反映了英、汉民族对外部世界的共识，是一种“文化重合”（cultural overlap）。由此可见，英汉两种语言在隐喻选择上既有共性，又有文化差异。

2. 喻体的选择受到心理文化的影响

价值观念、思维方式、审美情趣等，这些都属于心理文化所包含的内容，而语言其本身也是一种心理现象。古代汉民族把彩虹看似一条“虫”或者“蛇”，所以称“虹”，从“虫”；而在古代英语民族来看，“虹”却像一把弯弯的弓，因而叫“rainbow”。汉语书面语称天空为“苍穹”或“穹隆”。“穹”，指隆起的样子。而在英语民族看来，天空像拱形屋顶，称 vault。英语中的

cloverleaf 就是汉语的“立交桥”。汉语中的“流星”，英语是 shooting star；“彗星”是 comet，在英语词源中的意思是“长头发的”。英语中的 house lizard 就是汉语的“壁虎”。汉语中的“血库”，英语却称 blood bank。汉语中的“鸡皮疙瘩”英语却说 goose skin/flesh。

（二）结构对比

由于英汉语词汇形态迥然相异，其隐喻词也往往表现出结构上的差异。汉语隐喻词大多是复合而成的，这跟汉语的特殊文字形态及其构词方式有着密切的关系。汉语采用方块字，基本上是单音节词的语言。一方面，以字组词的构词方式快捷灵活，便于复合构词；另一方面，也是由于汉语是单音的，同音字极多，不易辨义，因此汉语词汇的发展与丰富主要靠复合。

西方语言的构词虽说以派生为主，但英语中的许多隐喻词并非派生词，而由单纯词直接转义或转类而来。如 trap 可直接转为动词“陷害”；而汉语的“坑害”“坑蒙”“坑骗”都由“坑”加一动词而成。snake 也可用作动词，但汉语“蛇”只有跟动词“行”组成复合动词方可成为一个隐喻词。英语中许多动物的名称都可以直接转化为动词，并借喻于该动物的某一特征。而汉语可直接转化为隐喻动词的动物名称很少，而且多限于方言，如“虎起脸”“他猴在台阶上”“他猫在家里不敢出来”等。汉语中绝大多数隐喻词采取复合法，即一动物名称加一单音动词，也就是喻体加动词，语法上构成一个主谓结构，如虎视、鼠窜、雀跃、鸟瞰、蜂拥、狐疑、牛饮、龟缩、鱼贯、蝉联、蝉食、鲸吞。

汉语隐喻词多以复合形式出现的另一个因素是汉语重对称，常以两个喻体并列构成隐喻词。例如，“牛马”“虎狼”“酝酿”。有时也组成四字成语，结构上前后对称，意义上前后互补，如“狼吞虎咽”“龙腾虎跃”“虎踞龙盘”“蝇营狗苟”“蚕食鲸吞”。

在建构隐喻词方面，英语这种拼音文字具有一定的优越性。英语的构词法便于采用适当的比喻词作为构词成分，把比喻压缩在一个词里，一般为形容词或副词。常用的这类构词成分有 like，wise，ways，fashion 等，如 saucer-like，lifelike，crablike，native-fashion 等。汉语方块字则没有这种构词上的方便。

另有一类有关形状、颜色等的明喻，英语和汉语均可运用复合词表示，如 fan-shaped，pear-shaped，cream-colored，flesh-colored 等，两种语言基本对应。英语隐喻词也有复合法，如喻体加形容词，如 grass-green，snow-white，paper-thin，ice-cold，burning-hot，blazing-hot 等。

（三）喻体的交流

以上笔者就英汉语中隐喻词的喻体做了对比，说明了各自喻体选择中所表现出来的文化特征。语言具有吸引外来文化的功能，喻体也可以移植和交流。汉语中就有不少喻体源自英语，如同路人（fellow traveler）、处女作（maiden work）、生命线（life line）、黄金时代（golden age）、政治舞台（political arena）、政治资本（political capital）、打破纪录（to break the record）、摊牌（to show one's cards）、被牵着鼻子走（to be led by the nose）等。而英语中的 sour grapes 和 Trojan horse 也已随着希腊寓言或典故传入汉语并扎下了根。

三、修辞学意义上的隐喻

汉语修辞学中“隐喻”（或“暗喻”）的名称借自西方修辞学。我国古代的修辞研究一般只区分“赋比兴”，所以陈望道将“隐喻”和“明喻”“借喻”“借代”等修辞格都归入“譬喻”中予以讨论。陈望道在引入“隐喻”和“借喻”两个概念时，将它们与“明喻”进行了对比，认为“隐喻是比明喻更进一层的譬喻”。

一方面，陈望道指出“明喻”中的正文（本体）和譬喻（喻体）在形式上是相类的关系，而“隐喻”在形式上是相合的关系，“借喻”则比“隐喻”更进一层。借喻之中，正文和譬喻的关系更加密切；这就全然不写正文，便把譬喻来作正文的代表了。另一方面，从陈望道的有关论述不难看出，所谓“借喻”实际上相当于英语修辞学中所说的扩展的隐喻以及本体和喻词都不出现的隐喻。另外，当代汉语修辞学界还根据“隐喻”的不同表现形式区分了“复喻”“反喻”“回喻”“强喻”“引喻”和“讽喻”等。

为了说明英汉中隐喻的异同，先来看看一些汉语实例。

①我只觉得自己是座没有爆发的火山。（《闻一多选集》）

②生活是一张空虚的网，张开着要把我捕捉。（艾青《火把》）

③生活是一条藤，总结着几颗苦涩的瓜。（电视连续剧《篱笆·女人·狗》主题曲）

④天寒浴室又升温。（《扬子晚报》2000 年 11 月 21 日 A2 版）

⑤“入世”在即怕落伍，老总双休忙“充电”。（《扬子晚报》2000 年 12 月 17 日 A2 版）

⑥希望的肥皂泡虽然迸裂了，载在敞口船里的米可总得粜出……（叶圣陶《多收了三五斗》）

⑦如果对别人的幻想之作毫无欣赏的兴趣，自己又怎能插上一对幻想的彩翼呢！（秦牧《幻想的彩翼》）

⑧老师又说，自然科学的皇后是数学。数学的皇冠是数论。哥德巴赫猜想，则是皇冠上的明珠。（徐迟《哥德巴赫猜想》）

⑨道德是石，敲击希望之火；道德是火，点燃生命之灯；道德是灯，照亮人类之路；道德是路，引我们走向灿烂的明天。（复旦一辩《狮城舌战的第一场辩论：温饱不是谈道德的必要条件》）

⑩我们应当禁绝一切空话。但是主要的和首先的任务，是把那些又长又臭的懒婆娘的裹脚，赶快扔到垃圾桶里去。（毛泽东《反对党八股》）

上述各例按结构可归类如下：例①—③是本体、喻体和喻词都出现的最典型的隐喻。在例①中，诗人闻一多将自己比作没有爆发的火山，形容其强烈的悲愤心情。例②和例③是两个关于生活的隐喻，前者将生活比作“网”，说明了生活的无奈和困惑，后者将生活比作“藤”，并进一步将个人比作苦涩的瓜，说明生活的艰难。例④和例⑤的喻义集中在动词上。例④中所谓“浴室升温”并不是真的说天气冷了，浴室工作人员设法提高浴室内的温度，而是说浴客增加了。在例⑤中，“落伍”本来指军人没跟上大部队的前进速度，这里指知识落后或观念落后；“充电”是物理学用语，这里指进修、学习。在例⑥、例⑦和例⑨中，“希望的肥皂泡”“幻想的彩翼”“希望之火”“生命之灯”等是以“‘的’字结构”形式出现的隐喻。例⑧和例⑨是“强喻”。例⑩是只出现喻体，不出现本体和喻词的隐喻，“那些又长又臭的懒婆娘的裹脚”指的是内容空洞无物、用词晦涩艰深的文章。在英语传统修辞学意义上，隐喻是指“在两类不同的事物（本体和喻体）之间含蓄地比较，以表明相同关系的比喻”。

其一，就结构而言，英语的隐喻等于汉语的“隐喻”，它最常见的表现形式是 A be B，其中 A 代表本体，B 代表喻体，系动词 be 表隐喻关系。另外，它在结构上也呈现出与汉语“隐喻”类似的结构差异。下面是第一类即最典型的隐喻的一组例子。

① If thought is life. And strength and breath; And the want of thought is death; Then am I A happy fly, If I live or if I die.

② And therefore is Love said to be a child, because in choice he is so oft beguil’d. As waggish boys in game them selves for swear. So the boy Love is perjur’d everywhere...

③ Macbeth

Out, out, brief candle

Life's but a walking shadow

在例①中，诗人使用了三组相互联系的隐喻，即 thought is life, the want of thought is death 和 I am a fly，成功地表达了诗人对自由的向往；其中“思想”与“生命”和“死亡”以及“诗人”与“苍蝇”属于全然不同范畴的事物。例②中的隐喻是 love is a chid，并用了 beguile、waggish boys、game 和 the boy love 等表达形式将该比喻进一步扩展，传达了说话者对恋人既爱又怨的复杂情感。例③将人生比作行走的影子，也是一个生动的隐喻。

第二类隐喻的结构形式是将比喻含义集中在关键的动词上。

① All day long, whilst the women were praying ten miles away, the lines of the dauntless English infantry were receiving and repelling the furious charges of the French horsemen. Guns which were heard at Brussels were ploughing up their ranks, and comrades falling，and the resolute survivors closing in.

② One of the troubles about vanity is that it grows with what it feeds on.

③ For snobberies ebb and flow; their empire rises, declines, and falls in the most approved historical manner. What were good snobberies a hundred years ago are now out of fashion. Thus, the snobbery of family is everywhere on the decline. The snobbery of culture, still strong, has now to wrestle with an organized and active low-browism, with a snobbery of ignorance and stupidity unique, so far as I know, in the whole of history.

④ On almost all the major sea routes of the world the British fleet risks being elbowed out by stiff foreign competition.

在语言哲学意义上，动词与名词的差别在于动词本身的指称对象是不确定的，因此当我们讨论动词的意义时就不能像讨论名词的意义那样可以找出其确定的指称对象。中外古代先哲们之所以不约而同地侧重讨论“名”（name）与“实”（object）之间的关系，而不是动词与客观世界之间的关系，其主要原因亦在于此。正是动词意义的这种不确定性使得我们有理由认为，动词的任何使用方式都很难说是超越了某种范畴的（即具备比喻性）。所以，对于例①—④中的动词用法更合理的阐释是，它们代表了与之搭配更紧密的名词的比喻用法。这些动词的出现会令交际对象自然而然地联想到有关的意象。实际上，许多扩展的隐喻的工作机制都是以名词喻体为基本点，然后逐步将比喻延伸到与该喻体相关的属性或动态特征方面。例如：

All the world's a stage,

And all the men and women merely players;

They have their exits and their entrances,
And one man in his time plays many parts,
His acts being seven ages. At first the infant,
Mewling and puking in the nurse's arms;
Then the whining school-boy，with his satchel,
And shining morning face, creeping like snail,
Unwillingly to school. And then, the lover;
Sighing like furnace, with a woeful ballad,
Made to his mistress' eyebrow. Then a soldier;
Full of strange oaths, and bearded like the pard,
Jealous in honour, sudden and quick in quarrel,
Seeking the bubble reputation,
Even in the cannon's mouth. And then the justice,
In fair round belly, with good capon lined,
With eyes severe, and beard of formal cut,
Full of wise saws and modern instances;
And so he plays his part. The sixth age shifts
Into the lean and slipper'd pantaloon!
With spectacles on nose and pouch on side;
His youthful hose well saved, a world too wide
For his shrunk shank; and his big manly voice,
Turning again toward childish treble, pipes
And whistles in his sound. Last scene of all,
That ends this strange eventful history,
Is second childishness and mere oblivion,
Sans teeth, sans eyes, sans taste, sans everything.

这段独白围绕着“All the world's a stage”（世界是个大舞台）展开：首先将世界上的男男女女称为演员，接着又将人的生与死比喻为舞台上的入场（entrance）和退场（exit），并进一步以舞台上的不同形象类比人生的不同阶段，最后还精辟地指出人死之后就像演完了戏，一切都归于虚无，什么痕迹都不会留下。虽然这段独白里还含有许多其他的比喻，如不愿上学的儿童“with his satchel/And shining morning face, creeping like snail/Unwillingly to school”、庄严的“In fair round belly, with good capon lined/With eyes severe, and beard of formal cut/Full of wise saws and modern instances”外，其中也不乏被比喻性地使用的动词“plays many parts, seeking the bubble reputation, pipes and whistles in his sound”等或含动词属性的名词“exit、entrance、acts、oblivion”等，但还是应将它们看作同一隐喻的延伸。反过来，如果将之看作不同的比喻，那就很难说明这些比喻之间的内部关系。

第三类隐喻是以修饰语或 Y of X 方式出现的比喻，即汉语中的“‘的’字结构”形式的隐喻。

① He has the microwave smile that warms another person without heat.

② I’ve got one of my Sahara thirsts on tonight.

③ As the fire blazed higher and closer, we stood.

④ Their backbones had become thoroughly used to balancing in the boat, and they now rode this wild colt of a dinghy like circus men.

⑤ Her round pillar of a throat was whiter than...

⑥ It was the best of times, it was the worst of times, it was the age of wisdom, it was the age of foolishness, it was the epoch of belief, it was the epoch of incredulity, it was the season of light, it was the season of despair, we had everything before us, we had nothing before us, we were all going direct to Heaven, we were all going direct the other way in short, the period was so far like the present period, that some of its noisiest authorities insisted on its being received, for good or for evil, in the superlative degree of comparison only.

例①和例②的隐喻性分别由修饰语 microwave 和 Sahara 所表示，作者用它们来分别修饰 smile 和 thirst，增加了语言的生动性。例③中的 frozen 一词与句子中熊熊燃烧的烈火形成对照，更衬托出恐惧心理。例④—⑥中都是以 Y of X 方式出现的比喻，其中例④和例⑤直接指出了喻义的焦点（即 wild 和 round），例⑥中虽然有许多 Y of X 形式的表达，有些是比喻，有些不是。这里就有一个问题，即在何种情况下可以将 Y of X 形式看作比喻，何种情况下则不然呢？对于这一问题，米勒的有关论述提供了较好的回答。他认为，隐喻是浓缩的明喻，可以分成“名词（nominal）隐喻”“述谓（predicative）隐喻”（近似于前文所说的动词隐喻）和“句子级（sentential）隐喻”（近似于下面即将讨论的本体和喻词均不出现的情况）。不管是以什么形式出现的隐喻，其基本特征是范畴间的错位（the violation of categories），否则便不是隐喻。

第四类是本体和喻词都不出现的隐喻，汉语中称之为“借喻”。

① Benedick："Would you buy her, that you inquire after her?"

Claudio："Can the world buy such a jewel?"

② The key tactic behind its strategy of holding or to the richest slice of the trade has been to move up-market to go where the Third World cannot follow into high-technology.

③ Here is the Lamb of God, who takes away the sins of the world.

从例①可以看出，某些表达形式只有在特定的语境中才具有隐喻属性。例如，例①中的“购买珠宝”一语本身并无比喻意义，只是当该表达式在此语境中出现读者知道 Jewel 指的是剧中人所钟爱的女子时，才会将它当作隐喻来理解。实际上，几乎所有的隐喻都应该在语境中加以研究，下例可以说明在隐喻研究中引入语用学方法的必要性。例如：

Tom is a clown.

只有充分的语境信息表明 Tom 不是扮演“丑角”的演员时，听话者才会将他理解为“丑角似的人”。通过上面的对比可以看出，汉语中“隐喻”的结构形式与英语中的隐喻是一致的，而且作为一种修辞现象一直存在。如果说有所不同，可能是一方面古代汉语修辞思想给予“隐喻”以不同的名称（称为“譬”或“比”），另一方面反映在隐喻产生的具体过程中所体现的文化特征，如“那些又长又臭的懒婆娘的裹脚”就是汉文化中所特有的隐喻。另外需要指出的是，传统修辞学意义上的隐喻的重要功能之一在于它是词汇意义发展的理据。

隐喻推动词义的发展是一个很普遍的现象，一些隐喻性用法在历史的长河中被该民族的语言使用者所接受和沿用，并逐步失去其隐喻含义。这一现象在现代科技语言中显得尤为突出。譬如汉语中的“电场”“磁场”“电脑”“电极”“电流”“电压”“催化剂”“火箭”“宇宙飞船”等，实际上都是隐喻性的表达方式，但很少有人会认为它们是隐喻，主要就是因为它们已被汉语使用者所广泛接受。英语科技词汇，如 television、robot、mouse、cat 等，也同样具备隐喻属性，但人们很少将它们当作隐喻对待，其原因大致亦在于此。由于此类表达方式失去了隐喻性，修辞学称之为“死喻”（该术语本身便是一个比喻），认知隐喻理论家所研究的隐喻大体上都属于此列。语言中还有些被称为“垂死喻”的表达，它们一般也已为该语言的使用者所熟知，但因种种原因尚未被该语言系统所完全接纳，仍可看作游离于语言规则之外的隐喻，如汉语中的“扶不起的刘阿斗”“事后诸葛亮”“包青天”和西方语言中的 Hitler（希特勒）等，由于其中的喻体是历史人物（逻辑专名），不像普通名词那样容易吸纳新含义。它们虽然已成为该民族语言中某些特定含义的专用隐喻，如“刘阿斗”代表平庸，“诸葛亮”象征智慧，“包青天”表示公正，Hitler 喻指暴君，但仍被认为是隐喻性的表达形式。诚然，修辞学研究的应是那些新型的、富有独创性的比喻，但是“死喻”和“垂死喻”的存在说明，应该动态地看待比喻，在隐喻与语言系统的相互作用过程中，把握隐喻的性质和工作机制。

四、语法隐喻

20 世纪 90 年代初，韩礼德基于其语言哲学思想提出了语法隐喻理论。此后，他对自己的语言层次思想及其与语法隐喻理论之间的关系做了比较明确的阐述。韩礼德指出，在语言进化的原始时期（the protolanguage time），语言呈现为二维的“弹性空间”，即基于客观世界（作为认知客体）与人（作为认知主体）直接联系的背景下，人的意识维度与现象性或是物质性的维度产生直接对立的情形。但这是一切哺乳动物共同具备的特征，而并不是人类特有的二维空间认知方式。所以韩礼德将其称为“哺乳动物形式的经验”。这种二维空间系统在经过漫长进化之后，终于得以解构（deconstruct），最终形成了一个崭新的非物质性符号系统，它便是“词汇语法系统”，它的出现标志着现代意义上的语言系统的进化成功。基于此，词汇语法既可以表现出更多意义，又可以使认知主体成为词汇语法的手段或工具，从而对人类构建某种社会现实和经验予以再现。韩礼德明确指出，如果没有词汇语法这个层面，人类就不得不受制于直接现象层面相关联的约束，从而也就不会有语法隐喻的存在。韩礼德的语法隐喻理论说明语法隐喻现象是普遍存在的，其功能还在于给人类经验以新的形式或重新语法化。

语法隐喻理论具有普遍意义，是世界各种语言中普遍存在的语言现象，汉语也不例外。我国古代的先哲们早就认识到语言与客观世界的关系。如果说韩礼德所说的语法隐喻在语言进化过程中的作用，因缺乏足够的考古学证据而带有相当程度的假设性质，那么语法隐喻在各类语篇中被广泛运用则是不争的事实。胡壮麟曾指出，与词汇隐喻一样使用语法隐喻的鼎盛时期是欧洲的中世纪，宗教、政治、哲学、诗歌等领域都广泛地使用隐喻，“原先从现实世界隐喻借鉴而成的语法术语和理论，转而隐喻现实世界的各种现象”。虽然汉语没有屈折变化来体现语法关系，但是汉语语篇中同样含有大量的语法隐喻。

五、概念隐喻的系统性

系统性附着于人类的概念隐喻之中，人们根据对某一事物或人的现有体验去理解另外一种经验，就这样游走于不同的概念之间，使之相互类比，相互关联，由已知到未知，由具体到抽象，这样一步步建立起隐喻认知体系。在此期间，每一个概念隐喻都可自成体系，人们在用一个概念类比另外一个概念的同时，还可系统采用原属于一个概念的各种词语，从各个角度来谈论另一个概念，使之立体化、多维化、质感化。

概念隐喻也像普通隐喻一样，同一喻体可以有不同本体；反之，同一本体也可有不同喻体。然而，跟普通隐喻不同的是，这种概念隐喻并不因人而异。相反，它严格地受制于整个民族乃至整个人类共同的隐喻思维模式。因此，不同概念隐喻之间具有内在的统一性。同一喻体有不同的本体，两者并不相悖，因为不同本体之间必然存在着为同一语言社团所公认的共同特征。

这在方位词隐喻中表现得更为突出，如 up、high 与 down、low 同时可以用来喻指许许多多对应的事物或状态，而这些事物或状态又大多可以统一在“肯定”与“否定”之下，如“快乐”与“悲伤”、“多”与“少”、“热”与“冷”、“动”与“静”等。其他概念隐喻也一样，如把“愤怒”比作“火”但人们也普遍把“热情”比作“火”，因为不管是“愤怒”还是“热情”，都属炽热的感情。这在英、汉语中也表现出极大的相似性，汉语称“热情”，英语也可称“warmth”，其原义就是“温暖”。请看这一共同的概念隐喻下的英、汉语对应的表达方式。

① We gave him a warm welcome on his arrival.

译文：他到达时我们给予热烈的欢迎。

② He is a warm friend of mine.

译文：他是我的一位热心的朋友。

③ With so many hot patriots, the country will certainly be hopeful.

译文：有着这么多热情的爱国者，这个国家必定大有希望。

④ His uncle burns with religious zeal.

译文：他伯父充满着宗教狂热。

⑤ Their faces blazed with enthusiasm.

译文：他们热情洋溢、容光焕发。

⑥ His speech added more heat to the argument.

译文：他的发言使得辩论更加热烈。

由“愤怒”是“火”到“热情”是“火”，人们可以看出两者之间的内在联系，不同的本体都统一在“燃烧”（burn）与“热”（hot）这一共同特征之下。反过来，不同的喻体也统一在同一个本体之下，从不同的侧面或角度来描述本体。例如，“航空”被普遍比作“航海”，这是从“天空”与“海洋”的相似性着眼的；另一方面，“航空”也经常被比作“鸟的飞翔”，所以英语说“We flew from London to Paris.”，汉语说“我们从伦敦飞往巴黎”，都着眼于“空中”与“速度”。再举一例，不管在英语还是汉语中，“理论”被比作“容器”，但同时也被比作“建筑物”，于是形成了以下两组概念隐喻的习惯表达方式。

① THEORIES ARE CONTAINERS.“理论”是“容器”。

His theory doesn’t have much content.

译文：他的理论没有多少内容。

I’m tired of his empty theory.

译文：我讨厌他那空洞的理论。

That theory has lots of hole in it.

译文：那个理论有许多漏洞。

There should be a water-tight exposition for every theory.

译文：每一种理论都得有个滴水不漏的解释。

Your theory has to be replenished with more arguments.

译文：你的理论必须用更多的论据再充实一下。

This is a new theory containing viewpoints of different schools.

译文：这是一种容纳不同学派观点的新理论。

② THEORIES ARE BUILDINGS.“理论”是“建筑物”。

There is no foundation for his theory.

译文：他的理论没有基础。

The theory lacks support.

译文：这个理论缺乏支撑。

Their argument began to be shaky.

译文：他们的论点开始动摇了。

We need to construct a strong argument for that.

译文：我们必须为那个理论构建一个牢固的论据。

That theory collapsed completely.

译文：那个理论彻底跨了。

A frame must be rebuilt for that theory.

译文：那个理论框架必须重建。

六、概念隐喻的普遍性

约翰逊和拉考夫对隐喻颇为重视，甚至在《我们赖以生存的隐喻》一书中，予以隐喻功能前所未有的地位，即我们的生活不能与隐喻相脱离。他们认为隐喻时时刻刻伴随着我们，除了日常的语言外，还贯穿于我们的思想和行为之中。由此可见，隐喻在极大程度上附着于人类思维过程之中，这主要归因于我们思维和行动的基本概念体系，其实际上就是隐喻性的，因此又被称为“隐喻概念体系”，我们不断利用一个概念去理解和建构另一个概念，于是也以一个概念的词法去谈论、表述另一个概念，这就是“概念隐喻”，因此隐喻不只是语言问题。

概念隐喻在不同语言中表现出极大的相似性，因为行为和活动本身具有相当程度的相似性。这种概念隐喻有普遍性。例如，不管在英语还是汉语中，“Argument is war”和“辩论是战争”都是一个概念隐喻，英、汉民族都不约而同地根据“战争”的经验去理解“辩论”，由此产生了一连串极为相似的有关“辩论”的隐喻表达式，如下。

ARGUMENT IS WAR. 辩论是战争。

Your claims are indefensible.

译文：你的观点不堪一击。

He attacked every weak point in my argument.

译文：他攻击我论据中的每一个弱点。

His criticisms were right on the target.

译文：他的批评正击中目标。

I demolished his argument.

译文：我击毁了他的论点。

I’ve never won an argument with him.

译文：我在论辩中从没赢过他。

You disagree? Okay, shoot!

译文：你不同意？那好，开炮吧！

If you use that strategy, he’ll wipe you out.

译文：如果你采用那种策略，他就会把你击败。

He shot down all of my arguments.

译文：他击溃了我的所有论点。

从以上一系列有关“辩论”的典型说法中可以看出，英、汉民族的这一隐喻概念可以说是完全一样的。英语有“verbal battle”“paper war”，汉语有“舌战”“笔战”。但英语和汉语在论辩的过程当中，都说“进攻”“防守”和“反攻”等。“战争”的模式是“辩论”构造的原型，人们往往会根据“战争”来理解、策划、谈论和进行“辩论”，这主要归因于“战争”与“辩论”在诸多层面上都是相似的。不同的是，后者不如前者更直观、具体，前者更容易使人理解和接受。

“时间”无疑是个十分抽象的概念，于是说“时间就是金钱”（Time is money），汉语中不也说“一寸光阴一寸金”吗？汉民族与西方民族无异，把时间视如金钱一样宝贵。

TIME IS MONEY. 时间是金钱。

I spend much time in reading.

译文：我花很多时间去读书。

You’re wasting my precious time.

译文：你是在浪费我的宝贵时间。

This gadget will save your hours.

译文：这玩意儿会节省你的时间。

That flat tire cost me an hour.

译文：那漏气的车胎花了我一个小时。

You’re running out of time.

译文：你的时间快用完了。

I’ve invested a lot of time in her.

译文：我在她身上投入了大量时间。

I lost a lot of time when I got sick.

译文：我病中丢失了许多时间。

Thank you for your time!

译文：谢谢你为我花了时间！

You need to budget your time.

译文：你必须预算（安排）一下你的时间。

I can’t afford the time to accompany you.

译文：我拿不出时间来陪陪你。

“感情”也是抽象概念，会“冷”，会“热”，也会变得“温暖”。例如，“怒”这种抽象的感情状态，英、汉民族都将它比作“火”，所以汉语说“怒火”，英语“fire”则可直接转指“生气”。“His eyes were full of fire.”即“他两眼充满怒火”，完全等值。同时，许多用于“火”的词语也都可以用于“愤怒”。

ANGER IS FIRE.

① His remark really made her burn.

② I'm pretty burnt about it.

③ Her anger suddenly flamed.

④ A flame of anger lighted in her heart.

⑤ He was born with a hot temper.

⑥ Everyone present tried to cool down his mounting anger.

以上是用具体概念去类比抽象概念；也用一个已知的或比较熟悉的具体概念，去类比一个未知的或比较生疏的具体概念。如“书是食物”（Books are food.）便成了一个普遍的概念隐喻。

Some books are to be tasted，others to be swallowed, and some few to be chewed and digested.

译文：书有可浅尝者，有可吞食者，少数则须咀嚼消化。

从汉语译文中可以看出，英汉民族在这方面的隐喻思维多么相似！再如：

BOOKS ARE FOOD. 书是食物。

After a careful taste, I finally saw the special style of the book.

译文：细细品味过后，我终于看出这本书的特殊文体。

He read rapidly but did not digest anything.

译文：他书读得快，但不会消化吸收。

Alice does so much reading that she cannot assimilate it at all.

译文：爱丽斯书读得太多，结果根本消化吸收不了。

That sort of novel is not to my taste.

译文：那种小说不合我的口味。

This poem has folk flavour.

译文：这首诗有民歌风味。

The tale comes to a tasteless end.

译文：这故事结尾索然无味。

概念隐喻的另一个类型是“方位隐喻”，简言之，它是将空间方位视为参照对象，从而建立起来的一系列概念隐喻体系。而人们常常会借用这一类的方位关系来喻指一些相对抽象的关系或概念，甚至用以喻指某种心理状态，这主要归因于人类思维的共性。从进化论的角度进行分析，语言要比空间概念体系的形成晚很多。正是基于人类认知的这一普遍规律，因此在汉语和英语中的方位概念隐喻也表现出极大的相似性。例如，英语和汉语都不约而同地采用“up/

向上”或“high/ 高”和“dow/ 向下”或“low/ 向下”或“low/ 低”来描述心理状态。

HAPPY IS UP；SAD IS DOWN.

HAPPY IS HIGH；SAD IS LOW.

His spirit went up.

译文：他的情绪提起来了。

In our town，interest in sports is on the decline.

译文：在我们城里，人们对运动的兴趣正在下降。

You seem in high/low spirits.

译文：你似乎情绪很高 / 低。

The enthusiasm of the students ran high.

译文：学生的热情高涨。

He’s been down ever since he heard the news.

译文：自从听到这消息以来，他的情绪一直低沉。

He was exalted by his success.

译文：他因自己的成功而得意扬扬。

同样的方位概念也用来描述数量。

MORE IS UP; LESS IS DOWN.

MORE IS HIGH; LESS IS LOW.

The number of books printed each year going up.

译文：每年印书量持续上升。

The government tried every effort to bring prices down.

译文：竭尽一切努力降低物价。

由此类推到更抽象的状态，如“热”为“上”，“冷”为“下”。

The kettle has heated up.

译文：水壶里的水热起来了。

The tea has gradually cooled down.

译文：茶慢慢凉下来了。

又如“动”为“上”，“静”为“下”。

They were stirred up to rebellion.

译文：他们受煽动起来造反。

The sea gradually calmed down.

译文：海面逐渐平静下来了。

再以“深”与“浅”为例，英语和汉语的概念隐喻也是基本一致的。

MORE IS DEEP; LESS IS SHALLOW. “多”为“深”；“少”为“浅”。

This is a deep mathematical problem.

译文：这是一道深奥的数学题。

That is a shallow conversation about parties and clothes.

译文：那是一次关于聚会与服装的肤浅的谈话。

I cherish deep affections for my hometown.

译文：我对家乡怀有深情。

He is only my shallow acquaintance.

译文：他跟我仅是泛泛之交。

A teacher has a deep influence over his pupils.

译文：老师对他的学生有着深刻的影响。

His argument seemed shallow and tedious.

译文：他的论点显得浅薄而令人生厌。

从以上例子可以看出，方位隐喻在很大程度上基于人类共同的空间概念，不同语言中的这类概念隐喻具有相当普遍的相似性。英语的方位隐喻比汉语发达。英语是一种分析性语言，介词在语言结构中起着很大的作用。英语介词一般从表示方位概念开始，然后表示时间概念，继而表示各种各样的抽象概念。以“at”为例，可以产生以下的种种隐喻用法。

at four o’clock

at his ease

at a certain price

He plays well at cricket.

Stand up at the given signal.

Do this at your convenience.

汉语虽说也有介词，但在语言结构中，不管在数量上还是在使用频率上远不如英语介词重要。根据张志公等的“常用虚词表”一项统计，汉语的常用介词仅有70个，这个数字包括了一词多义，如表对象的“跟”“和”与表比较的“跟”“和”各算两个；而且还包括相当数量的复合词，如“自”“从”与“自从”算三个，“按”“照”与“按照”算三个。对比之下，英语介词相对较多，根据伍德的统计，仅按词条计算（不包括不同义项）就有98个。更重要的是，每个英语介词都有几个、十几个甚至几十个不同义项。英语介词的抽象用法实际上大多是方位隐喻，由于语言结构差异，汉语中往往找不到对应的方位隐喻。如下例所示。

The roses are in flower.

The joke is in poor taste.

She looks in good health.

He is still in two minds.

Tom is often in liquor.

The star has been in films for fifty years.

He has been in a bad humor these days.

Mary who came in despair went away in hope.

以上各例都无法转换为汉语的方位隐喻。此外，“in”还与“out of”组成互为反义的方位隐喻，大量成对介词词组由此产生。例如，in/out of order；in/out of sight；in/out of luck；in/out of stock；in/out of store；in/out of print；in/out of repair；in/out of work；in/out of mind；in/out of danger 等。

第三节　借代修辞对比

一、英汉词汇中的借代模式对比研究

（一）借代的含义

借代多指用相关的事物来替代想要表达的事物的一种修辞手法。这种修辞手法的主要特点在于，不会直接说出想要说出的事物或是人，而是会通过事物的某一个特征来替代本体事物，或是用一个相对具体的事物来替代同一个抽象的事物，再或是用事物的某一部分来替代整体等。

根据修辞的具体需要，将原本的事物或人借以临时的相关事物或人来代替之，这便是传统的修辞学。同一概念域中相邻概念之间的临时替代是逻辑思维对借代的定义。可以说，这种定义是对借代更为理性的定义，但同时还需要建立在借代辞格产生的心理基础前提下。逻辑思维对借代的定义与传统借代定义有所不同，虽然它仍旧具备临时性、相关性以及本性与节本的替换三个重要因素，但除此之外，它的概念既可以是动词、名词概念，又可以是形容词概念。把“名称”用“概念”进行替换，弥补了传统定义容易让人误解为借代只是名词间替代的这一缺陷。

（二）借代模式

“借代”是人类共同的一种思维方式和认知手段，它可以使语言更为生动、简洁，为读者提供联想空间。事物之间的相关性是构成借代的基础。然而，英汉词汇里必然存在着许多共同的借代模式。例如：①借某一事物的象征性标记，或是个体特征代事物，如 plain clothes 便衣；bald head 秃子；grey hairs 老年人。②借代工具使用者或相关事物，如 pen 笔杆子；sword 枪杆子；mouth 喉舌。③借容器或处所代事物，如 the kettle boils 开锅；to be fond of one’s glass 贪杯；the whole city 全市。④借原因与结果相代，如 metal 五金；watercolor 水彩画 / 丹青（绘画）；chair 主席；copper 铜板、铜子（铜币）。⑤借局部与整体相代，如 lazy bones 懒骨头；green hand 生手；to count heads 点人数。⑥借特定与普通相代，如 man 丈夫；woman 妻子；Tom, Dick and Harry 张三李四。这些借代模式的英汉借代词是完全或基本对应的。因此，可以说英汉借代概念体系具有极大的相似性。

（三）借代与隐喻

借代基于“邻接联想”（association by contiguity），而隐喻则基于“相似联想”（association by similarity），不管“王权”被“王冠”借代，还是“人”被“面孔”而借代；不管是“作家”被“笔杆子”借代，还是“钱”被“铜板”所借代，两者都只是处于相互邻接的关系之中，才被取代。

但不要忘了，人类的思维活动并非简单的心理过程，“邻接联想”和“相似联想”很有可能被交织在一起。例如，汉语“笔战”和英语的“纸战”（paper war），把“用文章来进行的争论”比作“战争”，这首先是一种“隐喻”；然后“笔”和“纸”分别是“工具”和“材料”，指代“文章”，这又是“借代”。

从宏观上来看，“代”是借代的灵魂所在，而“喻”是隐喻的灵魂所在；前者主要起描述功能，而后者主要起指称功能。例如：

There’re a lot of good heads in the university.

Many hands make light work.

She’s got five mouths to feed.

The ham sandwich is waiting for his check.

二、英汉借代词对比研究

（一）英汉借代词的形态差异

1. 汉语借代词

基于汉语具有较为特殊的文字形态以及构词方式，因此，汉语借代词的大多数都是复合而成的。单音节的汉字同音现象是颇为普遍的，相比英语而言，汉语中的借代词更容易产生歧义，所以需要复合构词的帮助。汉语单纯词可以直接转化为借代词的几乎屈指可数，特别是单音节的单纯词。但也正因如此，与西方语言比起来才更具特色。

在汉语中，大多数物质名词都不可直接转义指代该物质材料所造成的器物，而是需要通过复合构词进行相应的转义，如 copper（铜）和“铜板”“铜子”，我们可以看出，前者是单纯词，后者则是复合词。在汉语中，像“金”和“银”这种借代义大多见于复合词中，如金库、银行、薪金、银根、收银台、奖金等。但是“钢”在汉语中却未见借代义，像“铁”转指“武器”也仅出现于“动铁为凶”“手无寸铁”等成语中。如“纸”，汉语中的“纸”与英语中的“paper”有所出入，其大多时候用作量词，如我们所熟知的“一纸公文”等。

我们再来看一看借容器或处所代事物的借代词。与英语有所不同，汉语辞书中的“碟子”“盘子”等容器都未曾见借代义项，如“盘菜”或是“菜肴”等义，其借代义总是以复合词的形式出现，如“拼盘”“冷盘”“凉碟”等。再如，“杯”代“酒”也只见于“贪杯”一类词组中，而“瓶子”之类的未曾见到此类借代义。

再如，针对汉语中的“餐桌”和“桌子”，只能将其转义为“席”，并不能转义为“一桌饭菜或酒菜”，不仅如此，还只能转义为像“宴席”“酒席”之类的复合词。部分地区虽然也会说一些方言，如闽南方言“吃桌”，或是山东方言“吃席子”，但这种在汉语的普通话中显然不是很规范。

汉语中的借部分代整体，如“头”“手”“口”的类似借代义被单独转为借代词的十分少见，用于“人手”“人口”“人头”等复合词的情况较多。而我国的《现代汉语词典》也只给“手”一字另外确立了借代义项，即擅长某种技能的人或做某种事的人，且所给例词中有“选手”“能手”“拖拉机手”等。需要强调的一点是，这里的“手”已被视为“后缀”。

2. 英语借代词

英语中的借代词几乎都可以通过单纯词直接转义。在英语中，大多数的物质名词都可以进行直接转义，从而指代该物质材料所造成的器物。不仅如此，这种借代模式也是当代英语中使用最为频繁的一种，这点与上述内容中的汉语有所出入。如英语中的 gold（金）和 silver（银），二者都可以被单独转义为“金币”和“银币”，或者更直接些转义成“钱”。再如英语中的 steel（钢）和 iron（铁），它们分别指代“武器”和“铁器”。英语中的“paper”与汉语中的“纸”也有所不同，英语中的“paper”大多情况下指以纸为印刷材料或书写的东西，如文件、日记、报纸、债券、票据、论文、车票、考卷等。

除此之外，英语中的部分物质名词还可以根据需要变为复数式，从而也具有借代义，如 glass（玻璃），它不仅可以转指“玻璃杯”以及其他相关制造品，当其化身复数 glasses 时，还可以指代“眼镜”；iron（铁）化身复数 irons（铁）时，又可以转指“镣铐”。在英语中，部分布料制成的衣物还可以用布料名字的复数式指代，如 flannels（法兰呢裤子）、silks（丝绸制服）等。

我们来看一下英语中借容器或处所代事物的借代词。英语中，dish（盘子、碟子）与汉语中的“盘子”“碟子”的转义有所出入，其转义为“盘菜”“菜肴”，当然，plate（盘子）也是如此进行转义的。除此之外，还有 glass（玻璃杯）和 bottle（瓶子）除了固有的转义外，还可以指代“牛奶”“酒”或“咖啡”等。

再如，“table”（桌子、餐桌）在英语中可被转指为“一桌饭菜或酒菜”，而不是转义成“席”，如说 keep a good table 则被转义为“吃得好”。那么，英语中的借部分代整体又是怎样的呢？英语词“head”（头）、“hand”（手）、“mouth”（口）完全可以根据不同的语境而单独使用，因为它们都已引申出独立义项指代整个人。

（二）代体选择的差异

1. 代体选择的文化差异

从宏观上来讲，英汉借代词的模式基本上是一致的，那么，有差异的地方通常会出现在哪里呢？实际上，差异往往会出现在代体的选择上。同样是象征标记作代体，汉语借“乌纱帽”来代“官职”，而在英语中却借“crown”代“王权”，由此可见，由于文化的差异，英汉语言在代体的选择上也会有所不同。

再如，由于中国古代的贵族其官邸都是朱红色的，这是尊贵的象征，因此在汉语中，也会很自然地把“朱门”指代为“富贵之人”。但英语却不是如此，他们主要以“紫色”为尊贵，如“in the purple”被指代“出身显贵之家”。虽然“紫”在中国也颇受重视，但其主要归因于“紫”与“朱”（大红）的颜色相对来讲比较接近。汉文化发源于中原的黄土地带，因此“黄”作为“帝王之色”，又被视为中华民族的特有联想。对于汉民族来说，“黄”是土地之色，所谓“天玄而地黄”。“古以五色配五行五方，土居中，故以黄为中央 / 正色”，由此指代“帝王”。

2. 代体选择的语言差异

我们所熟知的语言本身的诸多内在因素也是对代体选择产生影响的因素这一，如语音方面。在大量英语谚语、习语中，语音的选择起着举足轻重的作用。可以毫不夸张地讲，词汇的选择主要由语音的选择决定。汉语中有“失之东隅，收之桑榆”之句，其中，“东隅”指代“早晨”，原为东之处；“桑榆”原为落日余晖所照之处，指代“黄昏”，但“东隅”与“桑榆”这两个代体的选择跟两词押韵不无关系。英语属语音文字，代体选择中语音因素的影响就更加明显，情况也更加复杂。有像汉语押“脚韵”的，例如，town and gown（城镇与大学礼服——市民与大学师生），brain drain（脑子外流——人才外流）；还有押“头韵”的也不少，如 bread and butter（涂奶油的面包——生计），the Cross and the Crescent（十字架和新月——基督教和伊斯兰教），to put one’s back and belly into one’s pocket（把脊背和肚子都放进口袋——宁愿受冻挨饿也不肯花钱）；也有押“元音韵”的，即只有元音押韵而辅音不押韵，如 from the cradle to the grave（从摇篮到坟墓——从生到死）等。英语中这形形色色的押韵模式，当然是汉语所没有的。

这些词项的语音形式无疑在很大程度上决定着代体的选择，如“town”（城镇）与“gown”（礼服），前者属“处所代”，而后者属“特征代”，借代模式迥异，只因两者押韵，便结合成一对相映成趣的借代词。英美国家有一种简易旅馆，既提供住宿又提供早餐，便称“bread and breakfast”，而不说“lodging and breakfast”。

第六章　英汉思维方式与英汉文化对比

英汉思维方式和文化由于多方面的原因存在很多差异，在经济和文化交流日益频繁的今天，人们更加渴望互相理解和沟通，对英汉思维方式和文化进行深入的研究，这对人类社会的发展以及交流都具有重要的意义。本章主要分为英汉思维方式对比和英汉文化对比两部分。

第一节　英汉思维方式对比

一、英汉哲学思维方式对比

思维是人们在多次感知的基础上对客观世界进行概括、认识和反映的过程。在此过程中，人的思维通过深入加工进入自己大脑的各类信息，来反映事物本质和解决问题。人的思维习惯或思维程序，就是思维方式。不同的人有不同的思维方式，尤其是具有不同文化背景的人之间，存在的思维方式的差异就更加明显了。影响一种文化的思维方式的原因很多，如生理基础，首先是人脑结构的制约和影响，但思维方式作为社会文化的产物，在更大程度上受到生产方式、历史传统、语言文字、哲学思想等诸方面的综合影响。从一定意义上讲，思维方式是在方法论的角度对一个民族文化及其他实践活动的一种抽象，而哲学包含了较多的方法论内容，因此，思维方式与哲学联系紧密。一种文化背景下的哲学，往往是此种文化群体的思维方式的体现。

（一）重直觉与尚逻辑

中国传统文化中的“天人合一”精神，不将世界看成独立于人之外的纯粹客体，不重视对客体一般本质的抽象及对普遍真理的认识，而讲究结合理智、情感、意志等多种心理机制来对世界、对生活、对人生进行体验。这种体验中虽然也包含有认知的因素，但更多采用的是一种非逻辑思维，无须遵循概念、判断、推理的一般程序和思维规律，也属于一种直觉思维。

直觉思维在道家最为突出。老子提倡的“玄鉴”，便是要通过闭目塞听以清除心灵上的灰尘外物，保持内心的最大虚空与静寂，从而凭借内心来直观地把握世界万物，从而达到天人合一的境界。庄子则用许多寓言来表明，一旦主体处于“凝神”“若志”的心理状态，就能够直观对象本体，与对象神遇，实现“目击而道存”，反之，穷思竭虑至多能获得一些“小知”。融儒道佛为一家的禅宗更是奉“顿悟”这一人性与道体忽然契合的思维方式为无上菩提的方法。禅宗是中国佛教的实践派，他们很少有系统的教义和理论体系，而是通过摘取收集语录与讲公案来开启人心，从而揭示出“禅”的真理，且以“顿悟”为精髓。“顿悟”的思维方式，是一种否定中间环节的直接性领悟，一种否定了循序渐进的、突发的跳跃性感受，一种无须理性概念的直觉性观照，它让佛家与儒家、道家在思维方式上达成了一致。

“主客二分”是西方哲学主要遵循的模式，相应地就需要主体运用概念、判断、推理、分析的逻辑思维，借助理性，从感性、现象、个别的材料中抽取本质、一般的东西，从而越过客体之现象，抵达现象背后的本质、本体，也就是普遍真理。西方人的逻辑思维比较发达，甚至不妨说整个西方文化都为强大的逻辑理性所规范。

早在柏拉图时代，人类的科学观尚停留于搜集材料阶段，理论思维自身还不成熟，人们还不敢脱离感性和经验进行纯理性的思维，柏拉图便告诉人们：他们所感知到的世界虽然也算是真实，但却极其容易被自己的感觉器官所欺骗，亲眼所见与亲耳所闻的事物未必就可信，只有理论推导出的东西才最真实。他还认为，概念（也即理念空间中的理念）间的辩证发展，使得概念以逻辑的方式构造出了一个有关世界的理论体系。这一观点超越了苏格拉底简单归纳推理的单纯经验，使思维彻底脱离了经验的束缚而上升至概念思维、抽象演绎的高度。

之后，亚里士多德创立了形式逻辑的三段论，使人类的思维发生了质的变化，真正进入了抽象的理念空间之中。实际上，西方哲学正是通过逻辑方法去证明经验事实之外的思维与存在、物质与精神、道德与理性、艺术与美等的可靠性与合理性。

（二）重模糊与尚精确

中国哲学因受到直觉思维方式的影响，在把握客观世界时表现出瞬息而现、灵活多样的特点，注重定性而非定量分析，运用的是模糊思维。所谓“道，可道，非常道；名，可名，非常名”（《老子》一章），便点明了“道”这一道家哲学体系的核心作为一种神秘的精神实体，是不可命名、不可言说的东西。而今天我们之所以对儒家倡导的“仁”究竟是什么说法不一，就因为“仁”字在孔子那里有时不仅指某一种特殊德性，还指一切德性的总和，并无一个确定的定义。甚至宇宙之根本，在孔子那里也是模糊的。当儒、道等各家的思想融合为天、道、气、理共生的整体宇宙时，中国哲学乃至于中国文化的模糊性便坚如磐石了。

与中国的这种模糊思维方式相比，西方人自古以来就重视数学和逻辑，因而在表情达意方面具有精确性的特质。西方人的概念和范畴有周密的界定，也就是，只用一个判断来规定一个概念，并且它有非常明确的内涵与外延，通常用严格的定义引入。西方人崇尚科学和理性，注重思维活动的严格性、明晰性和确定性，注重思维程式的数学化、形式化、公式化、符号化和语言的逻辑性，思维方式也必然带有精确性。与推理、分析式的逻辑思维相配合，精确成为西方哲学乃至整个西方文化的理论特色之所在。

自希腊哲学诞生伊始，从泰勒斯认为宇宙万物的本体为“水”，到赫拉克利特认为宇宙的本体为“火”，再到毕达哥拉斯认为宇宙万物的本体为“数”，最终德谟克利特通过找到“原子”达到了物质之明晰，通过提出“理式”达到了精神的明晰。19 世纪，以黑格尔辩证逻辑为首的西方哲学体系更有如一座巍峨的理性思想楼宇……这一历史过程所展示的，便是西方人如何执着于以精确、严密、缜密的思维来总结认识过程和认识规律，从而认识自身、认识世界，进而追求真理、发展自己。

西方人一直矢志不渝地追求精确。例如，科学领域内有爱因斯坦，他一方面提出了关于世界不确定性的相对论，另一方面又苦心追求宇宙的统一场；心理学领域内有弗洛伊德，他一方面发现了导致心灵模糊的无意识，另一方面致力于确定对无意识的性质，力图把无意识的意识和关系加以形式化；哲学领域内有结构主义，它以“言语”和“语言”来扫除模糊的迷雾，重新确立起理论的精确与明晰。

（三）重整体与尚个体

中国传统文化中的“天人合一”思想精神，既不把世界看作独立于人之外的纯粹客体，也不抛弃对象的感性及个别存在，同时也不停留或执着于感性存在，它是理智、情感、意志等多种心理机制合为一体的对人生、对世界进行的体验，一种整体性而非分解式的把握，与对象由外至内融为一体。这种思维观念对中国哲学乃至中国文化的影响、辐射深远，“天下主义”就是它的直接延伸。天下主义，即破除宗教、国别之间的界限，面向普天下发表思想文化原理，以建立广泛适宜的世界和平秩序，同时尽力提高全人类的文明教养。此“整体”不可谓不宏大。天下主义对后世思想观念文化起到了构造性的影响，自汉代起，它开始成为中国文化的主流，与民本意识、忧患意识、世界大同、天下为公的观念等一道成为历朝历代的主流意识。

西方“主客二分”的框架决定了西方人眼中的主体和客体相对立，需要明确区分主体和客体、人和自然、精神和物质、现象和本质，对它们进行分割、肢解、细微的审察，也即运用排除了情感、意志等心理机制的纯然的理性来认识它们的一般本质、普遍真理，与“天下主义”相对的“个人主义”，正是这种个体观念的必然产物。“个人主义”就是从主体出发，以“个人”为中心来看待周围世界、社会和人际关系，它是西方文化精神的一个鲜明特征。古希腊的苏格拉底首次提出“照顾自己的心灵”“认识自己”的口号，标志着人类自我意识的觉醒。近代文艺复兴时期，人文主义者重新发现并肯定了“人”，提出个性、自由和平等的要求。到了现代，尼采的酒神精神、超人、权力意志等概念均表达了个人本能的解放的思想。在西方的观念里，社会的充分发展是建立在个人的充分发展的基础之上的。

二、英汉语言思维方式对比

语言是人类思维的工具和表达方式，人类语言表达方式的不同也反映了不同民族思维方式的不同。由于人类起源受到许多因素的影响，如地理因素、气候因素、宗教因素、历史文化因素等，不同国家或地域的人们就形成了不同的思维方式。他们观察事物的角度不同，形成了不同的价值观和人生观，在此基础上，就形成了各自独特的文化体系。这些不同的思维方式和文化体系主要体现在语言文字上，体现在人们的日常语言表达和书面表达之中。

就英汉两种语言来说，两种语言受到不同的思维方式和文化价值观的影响，在词汇、语法、语篇等诸多方面有很多的不同。古代中国是个大陆民族，属于典型的农业社会，而农业社会需要社会各个个体一起来协作劳动。中央集权是古代中国政治制度的一个重要特点。人们在这样的社会中生活，形成了很强的集体意识。而英国是个岛国，也是一个典型的海洋大国。在社会的发展中，英国人开拓海外贸易，进行商品的交易，逐渐形成了很强的个体意识。

这些文化差异也可以从饮食习惯的差异中体现出来。中国人用餐的工具主要是筷子，食物以素食为主，大家围在一起吃饭，互相谦让；而英国人就餐的工具主要是刀叉，食物以肉类为主，进餐时各人吃各人的，一般不互相礼让。

这样的生活方式和文化习惯的差异就会体现在语言方面，形成不同的语言风格和表达习惯。

中国传统社会特别强调天的重要性，天就是所有，是大自然的一切。中国古代哲学家老子就提出“人法地，地法天，天法道，道法自然”。人类要和天、地同为一体，生活中的一切都要遵循自然的规律，最终做到天人感应。同时，中国传统的有机整体的思维方式使我们更加看重对周围事物整体性的把握。中华民族的主体思维方式是从主体的需要和使用目的出发，强调其中的社会伦理道德和集体的审美标准，把主体融入客体，又把客体介入主体，所以在事情的叙述上多体现出很强的主体参与意识，在语言的表达上多以人为主语，强调人的主动性和人定胜天的意识，多使用主动语态。

英国是个岛国，自然资源相对不足，英国人在历史的长河中，把大自然作为探索的对象，体现出对自然资源的征服和探索，特别是对海外世界的探险和征服，因此在他们的思维世界里，人类和客观自然世界是征服和被征服的关系，自然和人类是分立的。他们的哲学观对客观自然持有一种敬重的态度。在思维方式上，他们会摆脱自己的主体意识，尊重外界客观世界，由事实来决定他们的价值判断，这种逻辑思维能力体现在语言表达上，体现在主客体的泾渭分明上。由于英国人习惯把客观事物作为研究征服的对象，在语言中他们也使用大量的被动语态。

（一）英汉思维方式的差异对表达的影响

1. 英汉表达思维角度的差异

在判断事情的过程中，不同民族出于不同的逻辑思维角度，会采用不同的表达形式。在语言转换的过程中，需要把握语言表达的真正内涵，用目的语的正确形式表现出来，有时需要换一个思维角度去表达和转换。有时，在英语中从正面说的话，在汉语中可能要用反面的陈述来表达；当然，有时在英语中反面的表达方式，在汉语中适合用正面的表达方式来陈述。在表达具体的事情时，英汉两种语言在虚实方面也表现出很大的不同。在英语中，人们习惯于抽象的思维方式，喜欢抽象地表达具体的人或物。在汉语中，我们喜欢具体的思维方式，也喜欢用具体的概念来描述人或物，表达比较抽象的概念和道理。因此，我们在语言转换的过程中，要会合理地进行虚实表达方式的转化，把原文内容用目的语的形式充分、形象地表达出来，让译文达到“信、达、雅”的标准。

在两种语言表达中，都存在表达者对某一人或事物的态度和价值的判断，但在语言的实际使用中，翻译者要善于根据语境去判断褒贬和曲直，充分理解表达者的真实意图。有时表达者也会让表达方式复杂化，让句子有曲折、含蓄的形式，在这样的情况下，翻译者也要根据具体的情况进行语言上的处理和转化，以符合目的语的表达习惯。例如：

He is the last man to accept a bribe.

译文：他绝不是那种贪污受贿之人。

The new mother wore a proud smile.

译文：刚做了母亲的那个人带着得意的笑容。

Anger and bitterness covered upon me for weeks.

译文：几周的时间我心中都充满着愤怒和苦闷。

2. 句子表达的主体和客体

从传统文化研究来看，中国和英语国家有不同的研究重心。中华传统文化重点研究的是人文科学，主要以人与人、人与社会的关系为研究对象；而西方传统文化更重视自然科学的研究，以物为研究的中心。

我国从春秋孔孟、战国时期的百家争鸣开始，就始终关注社会政治和伦理道德，我们的文化也是以仁、义、礼、智、信为人伦规范和社会的秩序要求。古人先贤始终关注的是人道，而非天道，研究对象是人生之理，而非自然的本质。在这种逻辑思维方式之下，在自然界中人就是最高的统治者，一切的自然资源都是为人类服务的，人可以支配自然界的一切，人的意志也可以战胜上天。虽然老子也提倡人的生活规律要顺应自然的规律，但是他们没有深入地研究自然，只是被动地顺应自然。

西方以物本位为主题的文化更偏重于对自然客体的观察与研究。西方先哲提倡对自然界进行研究和探索，从而更好地利用自然，来改造人类的工作环境和生活。例如，亚里士多德就提出“探求知识是人类的本性”，培根提出“知识就是力量”。古代西方社会崇尚的征服自然、战胜自然的思想对西方科学的发展及工业革命、文艺复兴的出现都起到了巨大的推动作用。西方古代的自然观，力图使物质和精神分离，确立了从个体出发去理解自然的观念，尽力使人成为超自然的存在。这种自然观提倡外向地、积极地干预自然，根据人类的需要去探索与发现自然界的个别属性和规律，人类可以独立于自然的物质基础之外，把物质当作改造和利用的对象。对比中国的传统文化，中国人强调“天人合一”，把自然作为敬畏的对象，把自然界的各种奇异现象当作对人类社会的警告和预言，从而只能从自身出发，去被动地适应自然，缺少了探索自然、改造自然的动力。

这种对待自然的不同的哲学观也体现在语言上。在汉语文化中，人们在思考时对主体和客体没有严格的区分，在表达中有很多“自动”和“他动”不分的句子，体现了汉语注重意合的概念及主客体之间转化的变通性。英语常用自然界无生命的事物作为句子的主语，经常使用被动句，这些句子的动作发出者是自然界的不同生物和物质主体，特别是在自然科学的研究表达中，主动语态和被动语态之间有严格的区分和要求。而汉语中动作的发出者多是有生命的物体。有的句子虽然没有出现主语，但它们省略的主语也多是有生命的物体，这也充分反映了中国文化中以人为中心的主体意识和思维方式。例如：

A strange peace came over her when she was alone.

译文：她独处时感觉到一种特殊的安宁。

It never seems to occur to my father to contact me.

译文：我的父亲好像从来都没有想到和我联系。

The sea cannot be measured with a bushel.

译文：海水不可斗量。

（二）英汉思维方式的差异对句式的影响

传统观念文化包含了民族思维方式，这种观念文化的主要载体是语言的句法结构。句法结构和思维方式是互相适应、互为表里的，而制约句法结构的表现形式就是思维方式。

1. 注重“综合”与“分析”的思维方式

汉语句子的“意合法”和英语句子的“形合法”，反映中国人重“综合”、西方人重“分析”的思维方式。英语的结构好像连环，虽然环与环都联络起来，毕竟有联络的痕迹；汉语的结构好像天衣无缝，只是一块一块地硬凑，凑起来还不让它有痕迹。英语语法是硬的，没有弹性的；汉语语法是软的，富于弹性的。所以英语语法有许多呆板的要求而汉语语法只以达意为主。英语是“形合”语言，“形合”是指为了表达语法意义和逻辑关系，用语言的形式和手段将句中的词语或分句之间连接起来，它主要包括了语法和词汇两种连接手段。英语选词、组句、组织篇章通常是通过连接词（连词、关系代词、关系副词、介词等）、分句（从句）、词的形态变化等来衔接和接应。英语、汉语句法上的“形合”与“意合”之差别是民族文化差异的典型表现。

汉语是“意合”语言，“意合”是指句中的语法意义和逻辑关系通过词语或分句的含义表达，而不是用语言形式手段连接。由于汉语“意合”语言的特征，在汉语中也就没有英语常用的关系代词、关系副词、连接代词和连接副词等，汉语的介词数量也远远少于英语，而且大多是从动词“借”来的。汉语中不论是语义因素还是语用因素，都包含着非常大的信息量，这使得汉语具有非常强大的表现力，词语间的关系常在不言之中，以达意为主。也就是把意思相关的词语凑在一起，表达一个完整的意思，中间很少用关联词语。句子结构以动词为中心，以时间顺序为逻辑顺序，层层推进，归纳总结，形成“流水型”的句式结构。这种句型在叙述事实的过程和动作先后的句子里，可以包含两三个，甚至十个八个小句。这些句子之间可断可连，可多可少，多不厌其烦，少不嫌其略，一切以达意为目的。小句和小句之间没有连接词，完全靠“意合法”。

2. 不重本体和重本体的思维方式

汉语中多主动句，英语中多被动句，这反映了中国人不重本体，而西方人重本体的思维方式。英语句子一般情况下必须有主语。汉语中，省略句子的主语是家常便饭。一个句子里，几个小句的主语相同，只要第一个小句中出现了主语，其他几个小句的主语便可承接前面的主语。而在主语显著的英语里，主语与谓语之间却有某种形式的制约，如人称、性、数方面的一致等，因而主语省略后这些语法关系就无法表达。即便篇章的句子都很短，结构也很简单，并构成一个话题链，整个篇章的语义结构也是围绕着某一个篇章核心组织的，但主语不能少。

3. 顺向和逆向的思维方式

汉语的词序排列往往是按照从大到小的顺序，而在英语中，词序排列往往是按照从小到大的顺序，这是中国人的顺向思维和西方人的逆向思维的反映。比如，在地址、时间的排列顺序上，汉语是从大到小，英语却是从小到大，如汉语习惯说：河北省石家庄市桥东区梧桐路 106 号，英语则习惯说：No.106，Wutong Road，Qiaodong District，Shijiazhuang City，Hebei Province，China；汉语习惯说：我于 1985 年 10 月 13 日出生，而英语则习惯说：I was born on October the thirteenth 1985.

4. 以逻辑结构为主和以表达意义为主

从句子的外形来说，英语的句子主要是以形来统句，一个句子就是一个完整的语义结构，其他的信息附加在每个先行词之后，这些附加的信息主要围绕在这一句子结构周围，句子有很清晰的逻辑顺序和紧凑的逻辑结构。汉语句子结构主要以意义来界定，一个具体的含义说完了，要另起一句，再度进行说明，主要含义相连的句子就形成了一个意群。所以在英语表达中，复句多于单句，而在汉语中，单句是多于复句的。例如：

Manliness is judged according to one's invulnerability to the impact of the outside world.

译文：男子气概是根据他是否能抵御外来影响来判断的。

He had surfaced with little visibility in the policy decision.

译文：在决策的过程中，他不那么抛头露面。

The strong walls of the castle served as a good defense against the attackers.

译文：那座城堡的城墙很牢固，在敌人的进攻中起到良好的防御作用。

That dirty house is an offense to everyone who lives in the street.

译文：那座老房子很脏，住在那条街上的人都很讨厌它。

第二节　英汉文化对比

一、道德价值观文化对比

长期以来，我们确实感到中西方人的道德观念取向千差万别，好像我们关心的是一些根本不同的命题，因而必须抓住根本性的不同点，才能理会这千差万别是何以发生的，才能抓住不同民族的道德观念的“实质精神”。从根本上看，中西方道德价值观的不同在于：中国的道德观是教诲个人怎样（无条件地）去服从他人。西方强调的是个人的权利、义务；中国重视的是规矩，个人如何努力去遵守奉行；西方道德观的“立身”基础是个人本位的，中国的道德观是他人本位的。西方的道德观是在肯定和保证个人利益的基础上，对个人实行一定的约束，防止其侵犯他人。西方道德观建立在要获得个人自由，就不得不尊重他人自由的基础上；中国道德观建立在等级制的基础上，把人分出等级，叫人“安分守己”，并提倡做出比“本分”更多的牺牲。

中国传统社会是一个泛道德主义社会，所谓“泛”就是说它经常超出应在的范围，越俎代庖，无所不至。因此，人们观察、分析、思考的视野都变得极狭窄，这是中国文化的又一极明显的特色。小农自然经济的生产方式和家国一体的宗法社会政治结构，是中国传统文化形成的两个重要基础。小农自然经济发展缓慢，相对稳定，形成四世同堂的家族，甚至更多人口结构的家族；家国一体，使家族宗法血缘关系成为国家内部最重要的关系。血缘、家族、宗法关系的本质是一种人伦关系，这就决定了中国传统文化必然是以伦理道德为核心的文化。

从中国传统文化的各个方面来讲：中国古代政治，是一种以“礼”为核心，注重人间秩序的伦理型政治；中国古代哲学，是以人为本，具有人文精神的伦理型哲学；中国古代文学，是一种伦理型的文学；中国古代艺术，始于教化人伦，以天人和谐为最高境界；中国古代科学技术，被用于论证人伦秩序，不重视与此无关的基础理论；中国古代教育，重视人文学科，重视人格培养，是伦理型教育。

总之，中国传统文化，是一种伦理型文化。西方文化同中国文化一样都具有源远流长的历史传统，在长期的历史磨合中，中国自秦汉以来形成了一种以儒家思想为主导地位的伦理文化，而西方在罗马帝国时期就开始出现了基督教文化，从而构成西方宗教文化的主脉。

（一）家族为本与个体为本

1. 家族为本

中国人的社会存在首先依存于以血缘关系为纽带的家庭和宗族集团，这是由家庭为基础单元的社会结构形式决定的。个人在这一切初始亲属集团中享有某种在集团之外无法得到的安全、连续和持久的地位，于是，个人被固定在这个关系网上，在这里满足自己的一切社会性需要，也履行各种必不可少的义务，并以一种内外有别的标准去理解和处理集团之内与之外的不同事物，这是对家族及其延伸的群体，如宗族、乡党等的依赖心理。因此，它尤为重视人与人之间关系纽带的建立，作为中国文化核心价值目标的"仁"就是着眼于此的。

人与人之间最基本的关系是相互依赖，而依赖的可靠程度则由血缘关系的亲疏程度来确定。这种关系推而广之，便产生了乡党观念。中国人的群体凝聚意识和依附关系从纯粹血缘推延到了地域纽带。由于血缘关系至上的原则，中国人在建立其他社会关系时也尽可能用血缘关系来比附。例如，朋友之间的友情亲密到一定程度便可互相以兄弟相称，师徒之间、同师学艺的学友之间的称谓，也完全比照家族关系，称为师父、弟子、师祖、师叔、师兄、师妹之类。

中国传统的群体认同原则的另一要素是：要求每个人必须严格遵从并适应他在家庭关系网络乃至整个社会结构中被确定的身份和角色，不能有所逾越。因此，他应当自觉接受"礼"的规范约束。严格按照长幼尊卑亲疏的等级名分去处理人际关系，确定对他人的不同态度，同时还须遵循相应的节仪、服御制度。在这样的礼制秩序下，个人作为主体的独立人格和地位自然无从谈起。因此，中国文化对个人赋予的主要是义务和责任。

一个人成年便意味着正式加入了复杂的宗族和社会关系网络，并被赋予了特定的身份和相应的社会责任。因此，他便不得不克制个人的欲望，服从家庭乃至社会群体的意志与利益。这种态度推演到处理人际关系上，便是行为举止上的自我克制，其宗旨是通过协调人际关系乃至同等级社会成员间财富的平均分配，保持群体的和谐统一。由此可见，中国传统文化是漠视人的个体价值的，它的所谓自我人格的完成，其实质恰恰是抑制和牺牲人的个体需要和个性，以达到维护群体中的既成秩序的自觉。舍生取义的自我奉献被视作道德的最高境界。

总之，人是为家庭、为他人、为社会而存在的，而非为自己而存在。从古代冠礼所蕴涵的意义中，我们还可以看到，中国人的群体本位原则除了宗族集团的认同和乡土情谊之外，还要求对社稷的效忠。不过，这种效忠的出发点并非是对人类共同的利益和价值的献身，也不是明确个人承担对国家、民族和社会应尽的责任，而仍是对君主大家长的人身隶属和依附，即前面所述的忠孝观念。

可见，人类群体关系中理应包含的社会公理、公德，在中国都变成了忠于家族和君王的情理私德。在这样的背景下，普通人所应享有的个人权利和体现个人对社会尽责的民主政治参与显然都无从谈起。一个人若想改变自己的生存境遇或享受一定程度的个人自由，唯有千方百计地提高自己在群体中的等级名分向上爬，于是科举之道成为中国人，尤其是中下层知识分子终身孜孜以求的最高理想。在追求科举之道的同时，他们也自觉地将自己的命运与君主集权的专制政体系在了一起。因此，古代科举制度所带来的官绅转化，尽管曾给传统的等级社会注入一定的活力，但仍然只能培养人的奴性，不可能动摇以人治为中心的政治结构和等级森严的宗法制度。

中国文化的群体认同精神对于调节人际关系，促进社会稳定和增强民族的凝聚力也产生过积极的影响。但是，这种以家庭为本位的群体原则，却在更大程度上限制了中国人的个体价值和个人创造活力的实现，并对旧的传统秩序的长期延续发挥着强大的维系效应。

2. 个体为本

西方世界早在古希腊时期就形成了农业、手工业和商业并存的经济结构，这与中国长期保持的以自然经济为主的农业社会有很大的不同，西方世界在这个时期的商品经济和社会分工都已经十分发达。随着工商业阶层的崛起，以平等交换为基础的商业原则，促进了希腊人个体意识的觉醒和成熟，由此孕育出西方人个体本位的文化精神。

从对待群体与个体的关系上看，西方文化把肯定人作为个体存在的价值，看作人类与社会结合的基础。从这样的信念出发，远古社会中，个人对家族的从属关系自然受到了削弱，存在主义哲学在20世纪西方思想领域独占鳌头，它以每个人都可以自由选择自己的本质，人必须对自己负责的命题把西方文化中的个人主义世界观发展到了极致。

以这样的理论为背景，西方人形成了将个人置于中心位置的处事态度。他不依附于家庭，也不依赖于他人，而是倾向于自我依赖决定，并且用自己的双手以自己的能力开辟自己的前途。因此，在美国及其他西方国家，许多亿万富翁或在任总统的子女，在其成年时，也须脱离家庭去独立谋生。这在中国的传统社会中几乎是不可想象的。个体本位文化精神在伦理观上的体现，就是“合理利己主义”的人际关系原则。这种原则在西方社会得到了较普遍的认同，它的实质便是在不损害他人的前提下，每个人都坚定地维护自己的个人利益。

（二）重义轻利与财富光荣

1. 重义轻利

中国文化强调道德原则与实际生活的统一，认为道德原则不能脱离日常生活，日常生活之中必须体现道德原则。在中国古代社会，四书五经有着重要地位，其内容就涉及仁、义、礼、智、信、温、良、恭、俭、让等品德，核心是修身、齐家、治国、平天下，使人们不断提高道德修养，成为一个高尚的人。普通人如此，皇帝也是如此，他首先是一个好人、德高望重的人，其次是个好的统治者，实行的政治才是“美政”“王道”。所以皇帝从小就有一个博学的老师教他，朝既定目标努力。这对稳定社会秩序、规范人的行为起到了积极作用。对中国文化产生巨大影响的儒家就十分强调道德的作用。孔子一方面强调“天命”是道德的本源，另一方面又提出“性相近，习相远”，承认后天的“习”对个人道德品质形成的作用。

义与利是中国哲学史上的一对范畴，二者的关系也是中国哲学史上争辩的重要问题之一。义，指道义，它要求人们的品德行为符合一定的道德准则；利，指物质利益、功利。义与利本身既是哲学范畴，同时又是物质与精神关系的特殊体现。总的来看，在义与利的关系上，中国传统文化的价值取向主要表现为重义轻利。

按照义与利二者的辩证关系来看，它们应该有机地统一起来，即二者兼顾。孔子并不轻视物质利益或功利，关键是看所在的“邦”是“有道”还是“无道”。在“邦有道”的前提下，贫贱是羞耻的，应该追求义与利的统一；相反，“邦无道”，富贵也是可耻的，即无义而利是不符合道德要求的。从理论上讲，义与利应该有机统一，但实际上，二者往往存在着一定的矛盾，即二者不可兼得。

因此，怎样认识和处理义与利的关系，是重义轻利，还是重利轻义，就必然摆在了人生选择的天平上。

“义利”统一实际上是注重社会利益与个人利益的统一；“重义轻利”实际上是先公利，后私利，儒家义利论中自始至终贯注着鲜明而强烈的整体精神。因此，每当历史处于危急关头，当义利不能同时兼顾时，中华民族许多仁人志士都能够从国家整体、大局出发，公而忘私，重义轻利，不畏艰难险阻，不惜牺牲和奉献个人生命和个人利益，“先天下之忧而忧，后天下之乐而乐”，谱写出可歌可泣的爱国主义动人篇章。但是，“重义轻利”在历史上也曾产生过一定的消极作用，因为“义”本身有其历史的局限性，同时，如果把“重义轻利”推到极端，这在一定程度上又必然会损害个人的正当利益，甚至是全社会的物质利益。中国历史上“重农抑商”就与“重义轻利”有一定的关系，客观上影响了社会经济的发展，也制约了科学技术的发展和科技人才的培养。

2. 财富光荣

西方重功利主义，而功利主义的思想在古希腊思想的集大成者亚里士多德身上就可以找到影子，他把人的生命、人的感觉、人的欲望与人根据理性原则而生活都作为人的功能。人们在实现个人利益的过程中，获得个人的幸福。后来的西方思想家与教育家都继承和发展了这一思想，使西方文化展现出功利主义的风貌。因此，人们非常重视知识和能力，勇敢地承担对国家的义务。西方讲究天赋人权，认为人人都具有自己的天赋权利。此外，德性文化的特点使中国人十分看重人的道德修养，重整体、综合，强调国家利益、集体利益，忽略个体利益。而西方文化的智性特色使人们注重逻辑思维和分析思维，强调知识和能力。

西方伦理价值并不要求脱离物质基础，虽然他们有柏拉图，有中世纪的宗教，有新柏拉图主义，但其文化主流的价值选择，还是建立在物质基础上的现实幸福。荷马时代的英雄就是会聚敛财富的人，古希腊时期的亚里士多德将幸福的要素确定为：健康、财富和德行。甚至新教教义也认为，财富是上帝对勤劳智慧者的奖赏。在资本主义时期，人们更是视财富为个人成功的标志，是幸福的核心内容。他们对人的自然本性持肯定的态度，以求自保、求生存、求幸福生活为其天赋权利。西方经济观是与它的劳动观紧密联系在一起的，从劳动光荣的角度最后确立了财富光荣这一思想，热爱劳动，追求财富，不仅能够带来富足的生活，而且能从中得到自我实现。因此，为这一目标所进行的奋斗，就理所当然地建立在道德的、负责任的、有社会良知的伦理基础上。

二、消费观念文化对比

西方发达国家的消费者习惯于贷款消费，而在我国向别人借钱是不太光彩的事情。消费方式由个人选择，本无所谓优劣，但消费应顺应时代的发展，尤其是要与经济发展相适应。选择正确的消费方式，既可以满足自己的需要，又有利于社会经济的发展。西方国家经济较中国发达，因而超前消费观念明显；而相对而言，中国尚处于发展中状态，经济不发达，因而中国人大多属保守状态，存钱意识较强。

超前消费的做法在西方很普遍。西方人的储蓄观念很差，而超前消费的能力很强。对于住房，西方人并不在乎是不是自己的，只要有房住且住得舒服就行，不管每月还贷款有多么艰难，更不管将来还债时有多难。西方许多国家经济发达，社会福利还是很好的，人们老了有退休金，政府有老年人补贴费，有老年公寓，医疗免费，养老院也是免费的。所以，西方人储蓄防老的观念很淡薄，关键还是过好眼前的每一天。

美国人的三代是“自己管自己”“儿孙自有儿孙福”；中国人的三代是“前人栽树，后人乘凉”。这样我们也就能够正确看待中西方消费观念的差异，以及与此相关的家庭伦理和社会价值观念的差异。

人生价值取向的形成受特定的社会条件限制，但它一旦形成，就会对人们的生活方式起着指导作用。例如，前面故事中提到由于中西方价值观念的不同导致了人们消费观念的差异。生活价值取向这种价值观，通过人们的行为取向及对事物的评价、态度反映出来，是驱使人们行为的内部动力，它支配和调节一切社会行为，涉及社会生活的各个领域。比如，人们的日常生活内容包括衣食住行用等诸方面，将生态生活价值取向落实到人们的衣食住行用等方面，就要求我们在衣着方面，多用化纤、混纺代替棉布，减轻耕地压力；在膳食结构方面，应以植物性食物为主，减缓全球暖化；提倡发展城市集中供热、供气以节约能源；在农村推广省柴灶；尽量选择步行、骑车或坐公交车，等等。在日常生活中自觉形成符合生态的良好习惯，如拒绝使用一次性筷子、拒绝过度包装、不购买包装过分和豪华的生活用品、尽量购买本地产品、使用太阳能热水器、使用节能型灯具、简化房屋装修、不干扰野生动物的自由生活、使用菜篮子或布口袋、短途旅行放弃坐飞机、少用罐装食品饮品、不鼓励购买动物然后放生、垃圾应分类回收、不追求计算机快速更新换代、夏天将空调温度调高一点、充分利用旧物品等。

再以居住观念为例，近十几年来，中国人的住宅发生着翻天覆地的变化，从获得住宅的方式到居住的理念，人们几乎每天都在经历着新的变化。这种变化是革命性的，它对我们生活的方方面面都产生了广泛、深刻的影响。对大部分人而言，买一套新房子是件大事，购房是一生最大的一笔支出。所以，为了实现买房的梦想，很多人会改变自己的生活习惯，追求尽早实现购房梦想。住房改革之前，我们的住宅大多由单位建设分配，哪里还敢奢谈什么足够空间和居住舒适度。如今，在基本的居住空间功能之外，我们更需要考虑空间的开阔、分割、尺度、精细、色彩、明暗、变化和协调，空间的外延和内涵被大大拓展。为此，人们几乎绞尽脑汁，想尽每一个细节，将建筑艺术、设计艺术、景观艺术等全部装修进来。而这一切，都是为了更舒适地生活，从基本的居住到舒适艺术的栖居，这是一个重要的改变。

随着住宅观念改变的，还有我们的交通方式。以前购买房屋，地段最受重视，尤其是要靠近市中心或者单位，至少是在自行车的“舒适车程”之内，少些奔波劳碌之苦。但现在，人们借助公共交通工具和私家车，交通的半径已大大扩展，人们开始选择环境更好、生态更美的楼盘，距离再也不是阻挡人们追求更为舒适的居住环境的主要因素。而城市周围的一些比较大的、漂亮舒适的房子，正是吸引人们离开市中心，走向可以有更舒适生活的郊区。

因此，很多时候我们在选择房屋的时候，也是在选择一种生活方式。现代社会中，房屋以及它所在的社区，成了“划分”不同气质、不同收入、不同爱好的人们的重要区别。人们根据自己的收入、个人对房屋的不同偏好以及不同的生活预期，选择不同的房子。购买房子，人们在掂着自己的钱袋子的同时，越来越关注房屋是否能给自己一个舒适的空间和景观，开始注意社区文化、社区管理等，更为注意周围的邻居的素质和孩子未来的成长氛围，注意社区整体素质能否贴近并符合自己的生活品位。其实，在选择住宅的时候，选择这些就是在选择一种生活方式。

三、家庭教育观念文化对比

孩子的素质和品行与是否受到良好的家庭教育直接相关。从古至今，家庭教育在整个国家教育事业中起着重要的作用。中国非常重视家庭教育。中国深厚的教育文化传统中包含了优秀的家庭教育成分。由于历史传统、社会文化背景的不同，中西方家庭教育观念存在着巨大的差异。

（一）家庭教育观念上的差异

西方父母非常重视通过日常的行为和情感来教育子女，尤其重视教育孩子怎样做人，教育他们从内在的情感上尊重他人，并重视培养孩子的日常行为和习惯。而中国父母和学龄前教师对孩子的教育，常常与孩子心理发展的实际脱节。比如，对还在上幼儿园的小朋友实施爱国主义教育、伟大理想主义教育，却对幼儿的基础行为习惯的培养不太重视，尤其是比较缺乏与孩子发展阶段相适应的人际交往能力等“做人的教育”。我们认识到智力教育和知识教育应该循序渐进，按阶段进行，却忽视了做人做事的道德教育同样需要按孩子不同的发展阶段，循序渐进地进行。由于学校和家长对孩子的最为基础的“做人教育”的长期忽视，现在的一些孩子已经出现了道德观念淡漠、社会性发展差等现象。

与中国家长相比，西方家长对孩子的信任度要高很多。他们相信孩子具有自我反省和自我教育的能力，所以他们给予了孩子充分的锻炼机会和充分的信任，鼓励孩子参加劳动，鼓励孩子参与生活，使孩子在劳作中体验快乐，从动手中得到知识和技能的锻炼。西方家长对孩子给予了充分的尊重，只要是孩子能够做到的，都必须自己去做、去完成，家长不会指手画脚，也不会过分参与。比如，西方父母看到幼儿跌倒不会跑过去扶起来，而是让幼儿自己站起来，但是中国父母很多时候都会前去帮助幼儿。幼儿不吃饭的时候，西方父母就告诉他不吃的后果，过了吃饭时间，就坚决不会给幼儿吃任何东西了。但是中国父母总是怕孩子饿着，不忍心让孩子挨饿，追着幼儿喂饭。刚刚学会走路的幼儿，西方父母一般会让他自己在后面跟着大人走，而中国父母多数会将幼儿抱在怀中、放在婴儿车里推着走或者用手拉着走。这是因为西方父母比较重视对孩子的独立性的培养，而中国父母往往对孩子过于溺爱，也缺乏对孩子的尊重和信任。

西方父母更加注重孩子的自由发展，不太注重对孩子成名成家的教育。与费尽心思设计孩子的未来的中国父母相比，西方父母更愿意将孩子培养成能够适应各种环境，具备生存能力，能顺利融入社会的人。成为一个能够自食其力的人，富有开拓精神，是西方父母的教育目标，在这种观念的影响下，他们对孩子从小的自身锻炼十分重视，认为孩子的成长必须靠自身的力量，必须从小就锻炼孩子的自立意识和独立生活能力。所以西方的孩子从小就参加各种力所能及的家务劳动，并且还要外出当杂工挣零花钱。在这些劳动中，孩子的吃苦耐劳的精神得到有效的磨炼，独立意识也得到增强，生活技能得到了提升，从而使孩子在不知不觉中，就逐渐成长为具有社会责任感和独立生存能力的公民。

对中国父母来说，不舍得让孩子从小就参加劳动，娇惯子女的现象非常普遍。他们望子成龙心切，对孩子的要求往往超出孩子的实际水平。采取的教育方式多是一种拔苗助长的方式，家中往往弥漫着紧张、严肃、恨铁不成钢的气氛。

中国父母只关心孩子的生活和学习，却很少关心孩子的独立生活能力、社会适应能力、心理健康程度、道德情操以及公民意识等。他们几乎包揽了孩子从出生到成年的一切事物，他们虽然出于好心，希望孩子幸福，但实际上，从这种家庭走出来的孩子很难真正成才，更难以得到真正的幸福。这是因为，日趋激烈的社会竞争，除了知识和智能的较量，更多的是意志、心态和做人做事的比拼。

西方父母注重与孩子的情感交流，关心孩子的心理需要，注重培养孩子的健康心理，在教育内容上实施快乐教育。由于他们经常和孩子一起讨论问题，孩子遇到高兴的事，愿意跟父母分享，遇到不开心的事，也愿意跟父母商量，亲子关系往往是比较和谐的，从而也是有利于孩子的心理健康的。健康的心理对于孩子的成才和健康人格的塑造非常重要。中国父母对孩子的心理需求普遍忽视，尤其是忽视培养孩子的健康心理和性格，以及意志力的磨炼。这就导致了很多孩子的心理承受能力比较差，面对压力和挫折的时候很容易出现不良的情绪，甚至做出离家出走、厌世轻生的举动。

西方家庭教育方式有很多优点，值得我们思考和借鉴。但是，西方教育也存在着许多弊端，如由于西方家长的过于放任，造成儿童青少年出现了很多社会问题；教育过于理性，使孩子较为缺乏赡养老人的责任感；教师过于重视“乐学”，使得儿童青少年学习水平下降等，这些都是值得我国家长注意并加以防范的。

（二）造成家庭教育观念差异的原因

1. 历史背景的差异

在多种文化和意识形态价值的影响下，西方社会可以更快地接受新思想和新文化，对发展的约束更少，因此更具冒险精神和创新性。中国有着悠久的历史和文化，它受到旧思想观念的制约，特别是受到封建小农意识的影响太深。中国的大多数文化价值都是保守的，并且相对缺乏冒险精神和创造力，服从和顺从的教育从孩子出生时就开始了，相对来说，在整体上接受新思想的环境也是缺乏的。

2. 经济形态的差异

西方社会生产力先进，商品经济发达，就业机会多，生存压力小，用人机制健全，劳动力流通自由，跳槽机会多，所以西方人的择业观较为开放，职业选择面宽。西方父母认为孩子将来只要能在社会上立足生存就行，职业是不分高低贵贱的。另外，商品经济使生产关系总处于躁动不安的变化之中，职业更换不断，所以父母不企求子女一生顺境。因此，西方父母的教育目的重在育“人”，更为宏观、宽泛，以不变应万变。而中国经济相对落后，生存压力大，是个“学历社会”，行业流动性差，所以中国人往往把一生的幸福都押在某种职业上，选择面窄。中国父母认为学业成绩好，找到好工作，求得一生安稳，是一个人最好的出路。因此，中国父母的教育目的重在成“才”。“才”就是学业成绩优秀，能考上好学校，能获得高学历。

3. 社会条件的差异

西方社会经济条件好，社会养老保障健全，父母不认为养儿就是为了防老，自己老了可以进养老院，无后顾之忧。因此，把孩子培养到18岁，并成为一个独立自主有责任心和同情心的人，就算尽到了自己的义务，完成了养育孩子的任务，孩子将来的路如何走，全靠他自己去奋斗。关于孩子将来能否光宗耀祖、升官发财的问题，西方父母考虑得并不多。而中国则由于经济条件比较差，社会养老保障不健全和一些旧有的观念问题，对孩子的教育从个人养老或个人荣誉面子角度考虑得比较多，把孩子当作自己的私有财产来看待，要孩子知恩图报，因而在教养的方式和方法上就充分体现了这一点。

四、中西方人际关系差异

由于居住的地理环境的不同，生活方式的不同，加上思维观念的不同等诸多因素导致中西方人在人际交往中有很大的差异。

（一）人际关系本位差异

在西方人看来，上帝是高高在上的，所有的人都是上帝的子民。也正因为如此，西方人解释一切问题都离不开神，于是就有了我们无论是在电视还是电影中都常看到的场面，吃饭前先要感谢上帝。而中国人则不同，中国的人际关系是人本位的，伏羲氏一开始就让我们认识到，宇宙之间最了不起的不是神，而是人。伏羲文化所体现的哲学思维、科学走向、人文精神和创造精神，对于今天我们的自然科学和社会科学研究，对于破除迷信、揭露邪教异端等，具有十分重要的现实意义。既然如此，我们为什么非得弄一个神来做自己的主宰呢？中国人实际上是没有宗教的，所有宗教都是外来的，中国人崇拜的只有自己的祖先，而不去拜什么神。中国人不是在拜神、拜佛，而是礼神、礼佛，就是看到神、佛时，走过去打个招呼。现如今，很多拜佛的现象只是一种“礼佛”的表象而已。

简言之，中国人认为“人自己就是自己的主宰”，因而中国人所建立起来的一套思想以及人与人的关系，都是在神的管教之外的。受神本位的影响，西方人只讲权利和义务，而中国人讲彼此对待。比如，在西方社会，孩子 18 岁之前靠父母养活，18 岁之后，父母不再提供生活来源，孩子要工作、独立，自己养活自己，父母与孩子之间是一种权利和义务的关系。而在中国情况完全不一样，如果中国的父母一等孩子长到 18 岁就让他自生自灭，会被别人视为狠心的父母。

（二）西方人重视个人，中国人重视集体

基于“神本位”的影响，西方人必然会形成“个人主义”的观念，即以个人作为单位，对上帝承担责任。因此，西方人说话或者表态时经常讲“这是我个人的意见”，表示由个人来承担其将会带来的后果。中国人则是“家庭本位”的观念，即一个人在社会上代表的是其整个的家庭，而并非仅仅是他自己。例如，中国的小孩很少被问及名字，而通常会被问及是谁家的小孩以判断其家庭背景。中国人做错了事情会被认为对不起父母和祖宗，往往整个家庭都会被指指点点。

（三）西方人重视法律，中国人重视道德

西方的法律规定很明确，而且执行得很严格，完全没有人情可言，也没有任何弹性。从理论上讲，法律不应该有弹性，但是没有一点弹性的法律在中国很难执行。自古以来，中华民族不是靠法律约束的民族。古时候，法律的效力是有限的，虽然说“王子犯法，与庶民同罪”，但这只是理想状态，实际上很少这样执行，多数是“刑不上大夫”。在民间故事中，即便是包公这种刚正不阿的典范，也只是“打龙袍”而不是打皇帝。

总之，西方的人际关系相对单纯，而中国的人际关系相对复杂。中国人喜欢拉关系、靠关系。这句话很容易引起人们的误解，往坏的、不正当的、不合法的地方想。其实，人际关系本身是中性的，运用得恰当，便是良好的人际关系；用错了，当然产生不好的影响。

行为正当的人对拉关系、套关系，实在不必过分敏感。西方人以“二分法”区分事物，对就是对，错就是错；中国人早已摆脱“二分法”的陷阱，我们知道“错，绝对不可以；对，常常没有用”。对错之外，还牵涉是否圆通的问题。我们厌恶是非不分的人，也不欢迎是非分明却不圆通的人。中国人讲求“在圆通中分是非”，把是非分得大家都有面子，不得罪人，但也不讨好人，人际关系才能良好。

五、英汉语言文化对比

（一）语言是文化的重要载体

我们正处在一个多姿多彩的文化时代，文化已成为我们生活中离不开的一个语汇。文化一词的使用日趋频繁，报纸、杂志等各种媒体都在不断使用。在日常生活中，人们可以见到许多介绍、讨论“饮食文化”“服饰文化”“企业文化”等内容的书籍资料。文化正在充斥我们的生活。正因如此，每当谈到“文化”这个词时，我们并不感到陌生。然而，文化的内涵和外延却丰富得让我们难以想象。文化可以说无处不在，人们的衣食住行无一不在文化的约束之中。

然而，人们常常意识不到文化对自己的影响。因为文化往往存在于人的潜意识之中，人们行动时并没有意识到文化在支配着自己，觉得一切都十分自然，如同人要呼吸氧气一样，只有当人们缺氧时，才会突然感到氧气的重要。我们对于自己文化的许多方面都视为理所当然，只有当我们接触异族文化时，才会感受到本族文化的独特之处。文化中有些内容是显性的，如生活中的饮食文化、服饰文化、建筑文化、雕塑文化、文学作品、科技成果等，这些内容是可以看到，并能使人立即联系到某种文化的内容。而涉及习俗、观念、信仰、世界观、人际关系、人与自然的关系等内容，都是我们看不到的，是文化中的隐性部分。

人们头脑中存在一套行为规范，这些规范就属于文化范畴。再如，朝鲜人、中国人都喜欢吃狗肉，而大部分西方人则不吃狗肉，这些饮食习惯都与各自的文化密切相关。语言内部各要素无一不与社会大系统诸要素发生联系，而且，这种联系不是简单的对应，而是纵横交错、彼此渗透的全方位的联系。

语言是文化的载体，它的运用方式集中表现了各民族的文化特征。在中国古代，封建皇帝的后宫里大都佳丽三千，等级分明，汉语中有关后妃名称的词汇因而就非常丰富，如皇后、皇贵妃、贵妃等。这是中国封建社会宫廷文化的一个侧面写照。英国是一个君主制国家，贵族内由君主封赐的爵位等级十分严格明确，和这种爵位文化密切相关的则是英语中的爵位名称，如公爵（duke）、侯爵（marquis）、伯爵（earl）、子爵（viscount）以及男爵（baron）等。这些都是语言与文化的表象反映。

虽然语言只是文化的一部分，但是人类的经验和行为主要是通过语言符号的意义来体现的。语言作为文化的一部分，是文化的镜像折射，透过一个民族的语言层面，可以看到这个民族绚丽多姿的文化形态。由于文化具有鲜明的民族性，不同的文化自然会迥然相异。这种文化形态上的差异，不可避免地会呈现在语言系统的不同层面上。词汇是语言的基本构成，是语言系统赖以存在的支柱，因此文化差异在词汇层面上体现得最为突出，涉及的面也最为广泛。

华夏文化与西方文化从源头上看就是存在差异的。首先是伦理道德观念上的区别。华夏文化同西方文化之间，最明显的差异莫过于伦理道德观的差异。中国伦理学的五种基本观念为“仁、义、礼、智、信”，它们是儒家学说的主要内容，对中国人的道德模式产生深远影响。儒家的伦理道德观念是，每个人在社会中的地位、权力和利益是先天决定的，等级差别是永恒不变的。而西方社会则主张通过竞争去决定每个人在社会中的地位、权力和利益。

尽管改革开放以来，每个人的地位、权力和利益的“先天决定”的观念受到了西方文化的影响，但是“家族本位”的特征仍然存在。具体表现在以下两点。

一是尊卑有别。封建社会推崇儒家尊卑有别的礼制，在儒家思想熏陶下，中国人对自身的能力、作用总是有意贬抑、不愿外露，而喜欢故意抬高对方，以表示对对方的格外尊重，以及甘愿居于他人之下的谦恭精神。这种社会行为在语言上的反映，就是严格区分敬称和谦称，即几乎涉及对方的东西都用敬称，涉及自己的都用谦称。

二是内外有别。中国传统一向重视内外有别，见到自己人就备感亲切，倍加信任，见到外人则疏远生分，产生不信任的感觉，采取公事公办的态度。在语言上则表现在带“同”和“外”字的词语，其意义及感情色彩完全不一样。带“同”字的词语表示彼此之间有某种关系，属于“自己人”的范围。例如，同乡、同祖、同名、同姓、同班、同学、同事、同路、同盟等。“自己人”以外的人要么带“外”，要么带“异”。带“外”的词语要么疏远，要么另眼相看。例如，外人、外姓、外敌、外族等。带“异”的词语往往跟政治联系在一起，包含着对抗情绪。例如，异己、异党、异端、异教等。

另外，从价值观念方面看，中西文化在伦理道德方面的差异导致中西方人在价值观念上的巨大差别。价值观念由于依附于不同民族的文化而具有鲜明的民族性。这种价值观念也会在语言上表现出来，某些词语在一种文化中是褒义的，在另一种文化中有可能是贬义的或中性的。例如，中国人见面寒暄时会说某某人近来“胖了”，这有两方面的原因：一个是在贫穷的旧中国，人们生活水平普遍低下，只有那些有钱的富人才吃得好，才会长胖，因此，穷苦人也希望自己有朝一日能有足够的钱，吃得饱一点，长得胖一点；另一个原因是，身体胖的人，往往意味着他们的生活好，没有为吃饭发愁的烦恼，心情也就好，所以才会胖一些，因而，胖在一般人心里，是生活富足的标志，是一种“富态”，一种“福相”。但在西方文化中，人们却忌讳肥胖。因为肥胖意味着没有足够的钱买蔬菜，没有足够的时间锻炼身体，由此会造成生活紧张，生活质量不高。

又如，在中国传统文化中，人们极为重视家族血缘关系，有“多子多福”的思想，追求儿孙满堂。“不孝有三，无后为大”历来是中国传统的道德价值取向。一个人没有子嗣是最大的不幸，一个人不能生儿育女是对祖宗的最大不孝。因此，在中国文化中，骂人“断子绝孙”是最为恶毒的语言。但在西方文化中，人们宗族观念淡漠，许多人甚至结了婚都不养孩子，有很多“丁克”家庭。

因此，中国文化与西方文化大相径庭。文化的差异在很大程度上决定了语言的差异。在经济和文化交流日益频繁的今天，我们对英汉文化对比进行深入的研究，无论是在文化和学术上还是在经济发展上都是具有重要意义的。

（二）与颜色有关的英汉文化对比

在漫长的生产、生活过程中，出于需要，人类创造了颜色词。颜色词语经过长期的文化沉淀，时至今日，往往已不再单纯地表示颜色，更蕴藏着丰富的文化内涵，从中可以折射出一个民族的历史、审美情趣及民族心理等。科学研究表明，世界上可以辨别的色彩就有七百多万种。色彩不仅具有明显的美感功能，同时还具有丰富的信息功能。各种颜色在不同的社会文化中，具有不同的文化附加意义。所以说，色彩是人类认识世界的重要领域，它不仅具有物理的本质属性，还具有丰富的文化内涵。

从历史上看，中国封建王朝就有“黄袍加身”之说；在民间习俗中，人们也习惯用“红白”来代表“喜事”与“丧事”。这类颜色词语如此长久地沿用，足以证明其在汉语中的重要性。颜色词在中西文化和汉英语言中有时具有相同的内涵，有时却内涵不同。很多时候，我们对英语的某些说法不理解，是因为每种语言都扎根于自己的文化之中，并浸入了文化的内涵，于是就形成了感知定式，这种感知定式便决定了不同文化的人对于同一种现象会赋予不同的意义。因此，在实际应用中，由于各民族在历史、政治、经济、文学、宗教等方面的巨大差异，颜色词会起人们不同的反应，于是就形成汉英语言中颜色词语的文化内涵差异。

比如红色，在汉语中有四十多个表示红色的词汇，而在英语中有一百多个。在中国红色除了表示颜色之外，还表示胜利、喜悦等。中国也会用红色代表危险的信号。汉语中的红色还有表示“恼怒、危险与暴力”的意思。英语里的 red 往往也用来表示庆祝活动，英国人认为，红色表示为信仰和爱献身，在某些圣餐仪式上穿红色表示圣爱。

中国人说“羞红了脸”，英语中也有 turn red with blush 的说法。red 在英语中也用于表示暴力、残忍和恼怒。英语中的 red ruin 指“火灾”，a red battle

指“血战”。汉语中“红娘”指媒人，而英语中的 red lady 则指淫荡的女人，pink lady 指一种鸡尾酒。所以 red lady 和 pink lady 与汉语中的“红娘”含义截然不同，因此“红娘”应译成 match-maker 或 go-between。

由于中国人没有与西方人相同的斗牛习俗，所以初学英语的人对于来自斗牛习俗的短语 see red 和 like a red rag to a bull 的含义就无法正确理解。另外英语中的 red nose 与汉语中的“红鼻子”含义也不一样。汉语中“红鼻子”指酒糟鼻（brandy nose），而英语中的 the red nose 是指在为婴儿猝死综合征研究募捐的日子，募捐者分发给捐款人的红色塑料鼻子，它是爱心的纪念品。

黑色在汉语中的本义是烟熏火燎的颜色。后来受到佛教的影响产生了“邪恶”“不洁”之意，黑色又象征着黑暗、死亡、阴险、恐怖等。而在英美国家，一些带有迷信观念的外国人最忌讳“黑色星期五”。“Black Friday”一般指星期五又逢 13 号的那一天，迷信者会尽量减少外出以免大祸临头。“black sheep”字面上的意思“黑羊”，实际是指集体中的败类、败家子。

在中国，亲人、好友去世，会在手臂上戴黑纱或黑色的挽章表示哀悼，而西方人则做追思弥撒，唱安魂曲。中国老人在归天之后要穿黑色的寿衣，睡的是黑色或红色的寿木；而在西方国家，wear black 表示生者为死者服丧。在西方文化中黑色还象征着庄严、威严和尊贵。black suit（黑色西装）、black dress（黑色礼服）是西方最为崇尚的传统服装。汉语中的“黑脸”不能译成英语中的 black face。因为汉语中“黑脸”有刚正不阿的意思，如深受老百姓爱戴的宋代清官包拯是黑脸。在日常生活中，人们把敢于坚持原则办事、不怕得罪人的行为称为“唱黑脸”，这也是借用京剧中包公的脸谱形象——他总是被刻画成一个黑面长须的人。而 black face 在英语中却没有刚直不阿的含义，是指扮演黑人的演员或唱黑人歌曲的演员。

白色在中国文化中有“凶丧”的意义。所以自古以来，亲人死亡，家属要穿白衣服。从汉代到唐代，普通百姓穿白衣服，因而“白色”表示“低贱、愚蠢”，如“白衣”指贱民，“白丁”指没有功名的人。在传统戏剧中，有的白脸人物（如曹操）是奸诈阴险的形象。中国对白色的褒义用法与西方相近，中国自古就认为白色象征着高雅、纯洁、明亮、光明。在《圣经》中，黑与白便是黑暗与光明的象征，因此，在西方，白色代表“好的，正面的”。在万圣节的庆祝活动中，教堂会用白色来进行装饰，西方的婚纱也是白色的，取其纯洁、美好之意。西方人举行婚礼时，新娘总是穿白色服装。把白色与丧事联系在一起，会引起西方人的反感；而把 funeral（丧事）说成 happy occasion（喜事），会使西方人感到吃惊，尽管这种说法反映了中国人对待死亡的豁达态度。在做汉译英的时候还是应当注意，在某些时候，汉语中的“白”字指颜色，但在英语中不能用 white 相对应，如“白菜”（Chinese cabbage）。

（三）与植物有关的英汉文化对比

竹子在中西方文化中有不同的含义。竹子生命力顽强，往往在春天经过雨水的滋润长出很多新芽，在汉语中，人们用“雨后春笋”来形容新生事物的大量涌现，而英美人对此却说 spring up like mushrooms（雨后蘑菇）。又因为国宝大熊猫喜爱吃箭竹，谈起竹子，人们又自然会想起憨态可掬的大熊猫。“青梅竹马”则比喻一对情人自幼一起长大，感情笃好。竹子的这些联想意义反映了中华文明的五彩斑斓。

在英语中，plum 指梅树或李树；在基督教文化中，梅树代表忠诚。在英语俚语和美语俚语中，plum 都表示奖品和奖赏的含义。英语中的 plum 还指报酬高的工作和好的事物。梅花作为中国的传统花卉，耐严寒、报春早、有清香，花姿秀雅、风韵迷人，在中国文化中象征品格高尚、节操凝重，为历代文人墨客所颂咏，留下了不少不朽的诗句。有的诗句歌颂了梅花那种坚忍顽强的生命力，在严寒中绽放，象征着革命者不屈不挠的坚强斗志。中国人还从梅花在风雪中盛开，领悟到先苦后甜的人生经验，从而来劝导世人要奋发图强方能成就大业。

在西方，柳树（willow）象征死亡和哀悼。英语中 wear the willow 表示“失恋”或“哀悼心爱者的逝去”。在西方，柳树也被用来祛病驱邪。而美洲印第安人把柳树看作圣树，是春回大地的象征。中文中柳树的象征含义与西方极其相似。由于其早于其他树木在春天发芽，因此柳树是春的使者、春天的象征。在中国民俗中，柳也被视为圣木，有驱邪避恶的功能。此外，在中国传统文化中，柳树多暗喻离别，抒发思念之情。

在西方文化中牡丹被看作具有魔力的花。在欧洲，牡丹花与不带刺的玫瑰象征基督教中的圣母玛利亚。牡丹是中国的十大名花之一，素以“国色天香”而闻名天下。唐代以前并没有牡丹这个专名，那时统称“芍药”，直至唐代改称“牡丹”。在中国传统文化中，牡丹是富贵和华丽的象征，表示富贵、高雅。

在汉英两种语言中人们都把桂树（laurel）和出类拔萃与荣誉联系在一起。桂树四季常青，清香高洁，深得人们喜爱。英美人喜欢用桂枝编织成花环（laurel wreath），戴在勇士和诗人的头上，后来桂树渐渐成了荣誉和成功的象征，人们把那些取得杰出成就的诗人称为“桂冠诗人”（Poet Laureate）。

桃子（peach），这种水果十分常见，人们由桃子很容易联想到粉面桃腮的少女，于是汉英两个民族都用桃花（peach）来代表皮肤细洁、白里透红的妙龄少女。在英语中，“She is really a peach.”常常用来形容漂亮有吸引力的女子。此外，peach 还可以表示美好的事物，如“What a peach of a room！”（多么漂亮的房间）。中国人常把艳遇称为“桃花运”，把风流韵事称为“桃色事件”。在英语中，peach 却没有这种联想意义。

在汉英两种文化中，玫瑰（rose）都象征爱情，因为玫瑰花不蔓不枝一花独放，而且每年春季开花，一年只有一次，所以人们用玫瑰象征忠贞的爱情。在英语文化中，玫瑰还可以用来指代“极其美丽可爱的女子”，相当于 peach。rose 在英语文化中还代表“安乐的境地”，如“Life is not a bed of roses.”表示人生并非事事顺心如意。如果有人事事称心如意，英美人会说 roses all the way。在英语中，under the roses 表示“秘密地”。

草（grass），在汉英两种文化中都可以使人联想起“众多”“默默无闻”。汉语中，“草”字可以比喻“多”，如“草木皆兵”；可以比喻“贱”，如“草菅人命”。汉语中，默默无闻的老百姓被称为“草民”。英语中 grass widow 表示被遗弃的少妇或情妇。在英语中，“The grass is greener in the other side of the wall.”比喻这山望着那山高。

（四）与数字有关的英汉文化对比

自古以来，人类生活一刻也离不开数字。在整个人类历史文化进程中，数字扮演着非常重要的角色，数字符号是每一个语言里不可缺少的分支系统。人类认识世界、改造世界、记录文化，都难以避免对数字这一符号系统的使用。但由于不同文化的历史传承和历史渊源存在差异，承载不同文化信息的世界各民族的语言，在运用数字这一符号系统方面就各有各的不同了。

博大精深的汉语语言对于数字的运用可谓情有独钟。这一点在作为汉民族语言实践的集中体现与结晶的习语中体现得最为充分。中华文化有着深厚的内涵，每一个汉字都是一个信息库，都是一个文化联想。作为汉语语言分支系统的数字，显而易见地有着特别的汉民族的文化根源和深厚的汉民族的文化底蕴。数字或数字单位均大量用于汉语习语当中，使得汉语数字习语成为汉语语言当中一道亮丽的风景线。汉语中数字习语之多是世界上其他语言无法相比的。

其实语言中的数字本来没有什么吉凶，但由于各民族社会语言文化传统以及人们思维观念的不同，一个民族往往会对某些数字异常崇尚，认为它们神圣、吉利，而给另一些数字赋予了某些不好的含义，认为它们不吉利，并且尽量避免使用。这样就使得这些数字除本身所具有的本义之外又负载有民族文化所赋予的特殊的社会文化含义，使得这些数字变成了实实在在的“神秘数字”。在汉语这种独特的语言中，“数”还反映出我们古人的宇宙观，体现了中国古代思维中的辩证思想。

最初，数字只是精确和具体的数量的代表，比如汉语有“一是一，二是二”之说。因此，数字从本质上讲具有精确性的特点。但由于人们在长期使用数字的过程中，自然而然地会将数字同其他词语搭配使用，从而构成短语或语篇，或当这些数字用于取得修辞效果时，数字便渐渐获得了模糊的特性，如汉语中“一猫有九命”中的“九”并非恰好指九条命，汉语“一箭双雕”中的“双”和英语“kill two birds with one stone”中的“two”并非指“两项任务”，而是指采取一个行动来完成“不止一个目标”。这便是数字的模糊性之所在。

就汉语中的数字而言，它们经常在取得或者增强某种修辞效果的时候被使用。但在将这类含有数字的短语或表达翻译成英语时，汉语原文中数字的意象在译文中却基本失落了。换言之，在汉英翻译中，数字的翻译也属于不可译的领域之一，如汉语里的数字“四”同“死”谐音，“八”同“发（财）”谐音，但在英语中，这些信息都无法再现出来。由于语言、文化或历史原因，有些数字负载有额外的蕴涵意义，比如英语中的“13”是一个不吉利的数字，而汉语中的“九”因为和长久的“久”同音，因此蕴含了天长地久的含义。

第七章　英汉语言对比与翻译技巧

英汉语言对比与翻译技巧先是指将英汉两种语言进行对比，以相关语言研究理论为基础，对二者的词语结构、句子特征、逻辑关系等因素进行分析；后以指导翻译为目的，进一步研究二者的语码转化、语言冗余度、文化表达等，以此来分析成语翻译、公示语翻译等实例，体现了理论与实践相结合的研究理念。本章主要分为英汉词汇对比与翻译技巧、英汉句子对比与翻译技巧、英汉语篇对比与翻译技巧、英汉修辞对比与翻译技巧。

第一节　英汉词汇对比与翻译技巧

一、英汉词汇对比

（一）英汉词汇现象的对比

1. 英汉词汇意义的对比

英汉词汇意义的对比是对英汉两种词汇意义之间的对应程度进行分析，主要包括：①英语中的一些词汇可以在汉语中找到完全与之相对应的词汇来表达其含义，在各自的上下文中，能够完全对应其含义。例如，“The U.S. State Department”是指美国国务院。②英语中的一些词汇和汉语中的词汇不是完全对应的关系，英语中的词汇对应的汉语中的词汇的含义范围不一样。例如，英文单词“sister”的含义是姐姐、妹妹，但汉语中没有既能够表示姐姐又能够表示妹妹的词。③英语中的一些词汇有多个含义，每个含义在汉语中都能够找到对应的词汇。例如，英语中的“soft”一词有多个含义，汉语中的“柔软”能够表示其一种含义，但这个词还有其他含义，可以用汉语表示。④英语和汉语的一个相似之处是一个词汇只有一个含义的情况非常少见，但词汇和词汇结合在一起能够产生新的含义。

2. 词的搭配能力的对比

这种能力是指英语中的词汇和汉语中的词汇搭配时有一定的差异。

英语中的 to do the bed 是汉语中铺床的意思，to do the homework 是汉语中做家庭作业的意思。“to do”的搭配能力非常强，可以和“bed”“hair”“windows”“room”等词汇搭配，汉语中则有“铺”“做”“刷”“擦”“收拾”“洗”“剪”“观”等来词汇的含义与之对应。

汉语中的“看”可以和电视、黑板、书、地图等词汇搭配，但英语中则需要“watch”“look”“see”“study”“read”等词汇与之对应。出现这种情况是因为在英汉互译时要符合目的语的使用习惯，使译文更加规范，在翻译时译者要认识到英汉语言之间的这种差异，根据目的语的使用习惯进行翻译。因此，词语的搭配能力体现了词语意义的复杂性，对翻译实践有重要影响。

（二）词语理解的要领

1. 辨词义

词义有两层含义，一层是指单词的基本含义，另一层是指词组的含义，在翻译时既要理解单词的基本含义，也要理解词组的含义。分辨词义时要注意以下几方面的问题。

（1）准确理解词的确切含义

分辨词义需要对词的确切含义有准确的理解，不能含糊不清。例如，英语中的“brother”既有哥哥的意思，也有弟弟的意思，在翻译时要根据实际语境对其进行翻译。英语中的词汇“queen”有女王的含义也有王后的含义，在翻译时要根据语境对其做出准确的理解。

（2）根据语境理解词义

一些英语单词有很多含义，在阅读时要根据语境确定最合适的含义。例如，“free”有自由的、空闲的、没有限制的等含义，“I am free”可以将其翻译为“我没事”，也可根据具体语境将其翻译为“我获得自由了”。

（3）组合词的含义

一些词汇和其他词汇组合成新的词汇，但其含义不是几个词的含义的综合，而是会产生新的含义。例如，英语中“milk”是牛奶的含义，“way”是路的含义，但是其组合而成的“Milk Way”是银河的意思，而不是牛奶路的意思。

（4）理解词组的含义

一些词汇组合在一起会形成固定的词组，有其固定的含义，在翻译时不能根据词汇的含义进行理解，而是要根据词典的确切含义翻译。例如，英语中的

“balance”有“平衡”的含义，英语词组“be in the balance”的含义是没有确定主意的意思，和“平衡”没有关系。

2. 论褒贬

和汉语一样，英文也讲褒贬。“exploit”（功勋），“noble”（高尚）、“valiant”（英勇的），这些词是褒义词；“intrigue”（阴谋）、“seduce”（勾引），常有贬义。在翻译时要细加区别。

3. 讲分寸

在翻译时要对英语词汇有正确的理解，还需要衡量词汇的“分寸”，把握实词和虚词的轻重程度。

（1）名词

英语中的名词虽然含义相似但是有程度轻重之分，如“anger”是愤怒的意思，但是其意义比较广泛，能够表示人心中的不满情绪；“rage”是指非常生气，气到自己不能控制；“fury”是指气到发狂。

（2）动词

英语中含义相似的动词的程度也有轻重程度之分，如“smile”的含义是微笑；“laugh”的含义是大笑；“chuckle”的含义是窃笑。

（三）词语翻译时词义引申策略

引申这一现象在语言中广泛存在。词义引申是指在理解词义时不是根据该词在词典中的含义进行理解，而是根据语境对其进行理解。词义的引申主要有以下几个角度。

1. 词义虚实

英语和汉语之中都有一种修辞方法，即使用抽象的词汇象征具体的事务，或使用具体的词表示抽象的意义。如下例。

She held honor—a check for twenty thousand pounds with his signature—quite firmly in her hands.

译文：她把他的战利品——一张他签字的 2 万英镑的支票——紧紧地攥在手中。（由虚变实）

2. 概念大小

在英语中，词汇的概念的范围大小可以结合词语的使用语境进行调整，即扩大概念范围或缩小概念范围，使词汇的含义更丰富。例如，“A thief is thief” 第一个 “thief” 的概念范围比较小，而第二个 “thief” 的范围比较大，因此可以将其翻译为 “贼性难改” 。

3. 逻辑修辞

英汉互译时，不仅要保证译文通顺流畅，还要让译文更有文采，因此，在翻译时要根据修辞为原文的词汇增添引申意义。如下例。

Alone and penniless， she told him（ Philip）that the other man had not married her.

译文：她孤苦伶仃，并且身无分文。她告诉菲利普，那个男人没有和她结婚。

二、英汉词汇翻译技巧

翻译是不同民族、不同群体之间进行思想文化的交流和沟通的行为。在某个方面上来看，翻译活动实际上是一种 “文化移植” 行为。译者的任务是将原文的内容以及思想、情感和精神准确生动地翻译出来，即使用目的语表现原文表达的内容和情感。但是，不同的民族拥有不同的思想文化，其语言是在长时期的历史发展中约定俗成的，带有本民族的文化烙印，因此，翻译几乎不可能实现完整的 “文化移植” 。

语言承载着文化，也是文化的重要组成部分。不同民族、不同国家的文化都有其独特性，因此不同民族的语言也有其独特性。词汇是语言中最活跃、最有弹性的组成因素，同时也承载了绝大部分的文化。张后尘在《语言学研究热点扫描》在中指出在词汇方面的文化差异最为突出，涉及方面也十分广泛。

在语义学中，词汇意义分为概念意义和文化意义。词的概念意义是指词的认知意义或指称意义，是词在人们的语言交际表达中使用的最基本的意义，是客观事物的反映或概括。词的文化意义是指附着在词的概念意义上的意义，包括与民族文化因素有关的内涵、联想等意义。

英汉两种语言之间的词汇意义差异在概念意义和文化意义上都有一定的体现。不同的文化环境可能会使词汇的文化意义相同或相似，但多数情况下是使词汇具有不同的文化含义，因此，分析英语词汇的特点，对英汉词汇的差异进行比较，尤其是比较英汉文化内涵的差异，是翻译工作中的重要内容。

（一）英汉词汇在意义上的对应

1. 完全对应

完全对应是指英语中的词汇表示的含义能够在汉语中找到完全和其对应的

词。例如，英语中的“apple”和汉语中的“苹果”是完全对应的关系。汉语中有些词也能在英语中找到与之完全对应的词项。像这种能够完全对应的英汉词汇在翻译时几乎不会出现问题，因为英汉两种对应词在任何语境中的意义概念意义和内涵意义都是相同的，不会由于上下文语境而在翻译时产生歧义。

但是，不同语言中的含义能够完全对应的词实际上并不多，英语和汉语中含义能够完全对应的词多集中在专业术语、专有名词和几个日常词汇之中。

2. 缺乏对应

英语和汉语在自然环境、人文环境和历史文化背景等方面都存在差异，因此英语中的一些词汇不能在汉语中找到能够与之完全对应的词汇，这些词主要是表示事物或现象的词。这种现象也被称作词汇空缺，即原文和目的语之间缺乏对应。例如，汉语中的“教师”一词只能和英语中的“teacher”一词对应，代表教师这种职业。

3. 虚假对应

英汉词汇具有深厚的文化内涵，在翻译时常常遇到不对应的现象。分析其原因可以发现，英汉词汇在发展过程中其实际意义已经超越了词汇的本身意义，因而带有了隐性特点和主观色彩，词汇的含义和说话人所处的情境、社会大环境、文化环境的关系非常紧密。

总的来说，英汉文化之间的差异非常大，两种语言中的词汇的含义的差异也非常大。因此，在英汉互译过程中，要根据实际的情况灵活处理原文的含义，使其符合目的语的表达习惯。

（二）翻译策略

1. 替代

替代是指使用目的语中有强烈的文化色彩的词语替代原文中有强烈文化色彩的词语。替代是指在保留原文的实际含义的前提下使用目的语中含义不相同，但文化色彩相似的词语来替代原文的一种翻译方法。如英语中的“Wet as a drowned rat”的文化色彩是被雨淋头的人，汉语中与之文化色彩相对应的是“落汤鸡”一词，因此可以将其翻译为“落汤鸡”。

2. 加译处理法

为了使读者更好地理解译文的含义，同时保留原文的文化色彩，翻译时可以在直译的基础上使用目的语对原文进行解释和补充，如在翻译说明性词语时在音译的基础上添加表示其所属的类别的词汇，如将“ballet”翻译为“芭蕾舞”。

3. 意译法

在翻译时可能会遇见文化意义比较强烈的词汇，使用直译的方式不能将其文化意义准确地表达出来，使用替换的方法会使译文变得生硬、不流畅，增添词语会使译文显得啰唆，这种情况可以使用意译的方法，即在译文中使用文化含义不是很强的词语翻译原文的词语。使用这种翻译方法会使原文的意义受到损害，但这种损害是无法避免的。因为语言有其民族性的特点，在很多情况下，译文不能实现完全对等地翻译原文。

总之，英语和汉语是在两种完全不同的文化背景中使用的语言，两者之中都包含了非常多的有文化意义的词汇，这个特点给跨文化交流带来了障碍。文化意义是不同语言之间的差异性的典型体现。译者在翻译过程中经常遇到的问题不是来自语言结构本身的问题，而是怎样根据目的语的语言文化调整译文，使其更符合目的语表达习惯，从而实现译文读者和原文读者获得相同的文化体验。

在翻译过程中需要特别注意的是，为使译文和原文在意义和风格方面都达到最大程度的相似，在翻译时往往不能实现词汇的意义对应。不同民族的文化和语言都有着各自的民族性，因此在翻译时要根据文化背景灵活处理。

第二节　英汉句子对比与翻译技巧

一、英汉民族语言对比

（一）思维方式和语言的关系

语言承载着文化和思维，思维方式对语言有决定作用。语言学家刘宓庆指出，语言的问题通常是在思维方式层面产生的。对不同民族的语言进行分析，第一步就是要分析不同民族的思维方式。在民族的长期发展中，其思维方式的形成受到生存环境、哲学背景和文化传统的影响，因此各个民族的思维方式都有不同的特点。

（二）中西方思维方式对语言的影响

中西思维方式的差异也使得英汉两种语言产生了巨大的差异。中国人注重整体和直觉的思维方式在语言上的具体体现是汉语不注重形式，而是注重心理。汉语中的语言形态不多，对时间和事件顺序非常重视，表达时多使用动词，连接词的使用比较少，语序固定，句子结构不严谨。西方人的思维方式在英语中的具体表现是句子结构严谨，语言表达的含义清晰明确，词形变化、时态、连词及介词等非常丰富。

二、英汉句子结构的差异

在外语教学、英汉互译、跨文化交际的过程中都会遇到英汉句子结构差异造成的障碍。如果不了解英汉两种语言的差异，翻译时就会保留大量的原文色彩，从而不符合目的语的表达习惯，因此分析这些差异对于两种语言的学习和翻译十分重要。

（一）英汉语句结构对比

语言中的句子都是为了语言的使用者表达思想感情、交流信息而根据某种特定的方式确定的语言表达单位。句子是将词汇、词组和句群连接起来的桥梁。分析英汉两种语言的句子特点，有利于发现英汉互译的规律。

1. 连接手段

在句子的连接手段方面，英语句子多使用连接词进行连接，汉语句子则多使用语义进行连接。美国翻译理论家奈达认为，英汉两种语言的在语言学上最大的差异就是形合和意合。汉语句子更注重意合，而英语句子更注重形合。意合是指使用语言或句子的含义的逻辑关系将句子连接起来，而不是使用语言形式将句子连接起来。形合是指使用语言形式手段将词语或句子连接起来的方式。形合注重句子形式方面的连接，意合注重句子意义的连接。

2. 外形

在句子外形方面，英语句子多为长句，汉语句子多为断句。

如英语句子“In the U.S. I met a girl，who was crying as if her heart would break，said，when I spoke to her that she was hungry because she had had no food for two days.”。这句话翻译成汉语为“我在美国遇到了一个小女孩，她哭得非常伤心，我问她时她说两天没有吃饭了”。这是英语中的一个复杂长句，主句是“I met a girl”，其他分句挂靠在主句上，整个句子的结构紧凑，非常有层次感。但翻译成汉语后，这个句子变成了长句和短句共同组成的一组句子，单句和复句交替。

英语民族的思维在现实要素中反映的顺序是主体、行为、行为客体、行为标志。这种思维方式在语言中句子结构上的反映是：主语 + 谓语 + 宾语 + 状语。其中，主语 + 谓语是其核心结构。英语民族的人逻辑分析的思维特征让英语句式具有了生成性的特点，英语中的长句和复句的主干一般是主语＋谓语，句子的分支结构不断向外扩展，如同一棵树，因此这种句子常被称为树状结构。但汉语和英语不同，汉民族的思维方式更侧重于主体性和整体性，句子结构类似于竹式结构。

3. 语序

在语序方面，英语和汉语的语序通常是相反的。中西两种思维方式反映在语序上有很大的差异。例如，“It was a keen disappointment when I had to postpone the visit which I intended to pay to China in January.”翻译成汉语为“我原来打算在今年1月访问中国，后来不得不推迟，这使我非常失望”。英语原句之中没有逗号，各部分内容连接非常紧密。如果将原文拆分可以将其拆分为单个部分，第一部分是表达情绪，第二部分是说明情绪产生的原因，第三部分是补充背景信息。

换句话说，英语句子往往是先表述主观情况，紧接着表述和这种主观情况有关的客观情况，然后再表述其他情况。这表明英语句子的逻辑顺序是“归纳—演绎”，即按“果—因”“结论—陈述”等模式展开。汉语句子的语序正好与之相反，汉语句子在表达时一般按照时间的先后顺序叙事，空间范围由大到小表述，分析问题按照从一般到整体的顺序，分析情形则是按照客观到主观的顺序，逻辑关系先叙述原因再叙述结果。

4. 语法结构

在语法结构方面，英语句子的各部分功能非常明确，但汉语句子成分的功能则不能轻易界定。中国人的思维方式使得汉语在表达上有模糊性和灵活性的特点。一些学者认为，汉语的主要限制来自受话人的观念，而来自语言规则的限制很少。汉语也属于主谓主导型的语言。但和英语比较起来，汉语更加灵活。在句子方面，汉语中有很多没有主语的句子，但这些句子丝毫不影响表达效果。例如，汉语句子“下雨了”，翻译成英语为“It rains.”。语言学家王力认为，英语的语法规则要求英语的每一个句子都要有主语，除非是省略句。汉语的语法规则则是如果主语是显而易见的，那么主语一般都会省略。

（二）英语重后饰，汉语重前饰

英语和汉语的句子成分的排列顺序都是主语、谓语、宾语，但两种语言句子中的修饰语的位置有很大的差别。具体来说，英语句子的修饰语可以放在被修饰成分的前面，也可以放在被修饰成分的后面。如果修饰语是短语或分句，一般将其放在被修饰成分的后面，但是汉语中无论是什么样的修饰语，都要放在被修饰成分的前面。句子中的修饰成分过多时，有以下两种情况。

1. 多项定语

一个句子中的定语有两个以上时，英语句子的定语顺序一般都是从近到远的顺序，先是小范围，再是大范围，先是次要意义，再是主要意义，先是程度较轻的定语，再是程度较重的定语，但汉语的顺序和英语的顺序刚好相反。在翻译英语定语时，要结合原文的含义和目的语的表达习惯对其进行调整，有时需要调整定语的位置，或将定语转变为句子的其他成分。

2. 多项状语

根据英语的表达习惯，状语通常放置在谓语之后，需要特殊强调状语时，会将状语放置在句首的位置。但在汉语中，状语通常放置在其所修饰的谓语动词之前，需要着重突出状语时也会将其放置在句子的主语之前。

如果英语句子中的状语不止一个，通常会按照时间状语位于地点状语之后，方式状语位于地点状语之前的顺序放置。但汉语句子中如果不止有一项状语，一般按照时间状语、地点状语、方式状语的顺序排列。

（三）英语前重心，汉语后重心

英语和汉语在句子的重心问题上有一定的相似之处。在语言逻辑方面，英语和汉语的句子的重心通常都在结论、断言、结果以及事实上，但英语句子和汉语句子的重心位置不同。在对逻辑思维进行表述时，英语句子通常是先表达结论或判断，后描述事实，即句子的重心在前半部分；汉语句子则是先表述原因后表述结果，先表述假定后表述推论，先表述事实后表述事情的结论，因此，汉语句子的重心一般在句子的后半部分。

第三节　英汉语篇对比与翻译技巧

一、英汉语篇对比

英语和汉语的语篇在功能方面具有相似性，语篇功能包括以下三种。第一，语篇的叙述功能，指的是传递动态信息的功能。语篇要实现叙述功能需要使用的手段有以下几种。①在语篇的结构方面，语篇要按照一定的顺序安排叙述的时间顺序和空间顺序。②在遣词造句方面，语篇要慎重选择描述事件的动词。③在实际交流方面，要重视形象思维的运用。第二，篇章的描写功能，指的是传递静态形象信息的功能。语篇要实现描写功能需要注意三个方面：①将空间顺序作为篇章的结构框架；②描写功能的实现要依靠交际参与者的形象思维能力；③在描写过程中要多用形容词、副词和动词等。第三，语篇的说明功能，指的是表达定义、观点的功能。第四，语篇的指示功能，指的是发出命令或诱导性的信息，产生明显的言外效果的功能。通常来说，有指示功能的语篇通常是将读者作为中心的，这是由于语篇要实现其指示功能需要读者的反映。

二、英语的紧凑与汉语的松散

（一）英语结构的紧凑

英语语段句子呈聚集型扩展，其原因是它具有严密的形式规范，它的扩展，受形式主轴的支配。规范的形式链接使英语语段不至流于松散。与汉语相比，英语句子结构是很紧凑的。在正式文体中，这个特点就更为明显了。所谓“紧凑”是指将大量的信息凝聚在一个句子中。

实现英语的紧凑的主要手段有：①动词的形态标定，限定了时态、语态、语气及定式、非定式形态，由此而限定了概念发展的逻辑，使之在给定的时间范围内有条不紊地进行。②基本句 SV 提携机制，每一个句子不可能摆脱 SV 的支配与扩展程式，万变不离其宗；英语语段中无论是主句或从句都是成分齐整的基本句，词组必须从属于某一完整句从属及并列的形态标志，包括从属连词及并列连词的形式约束。③代词的广泛使用及其前呼后应的接应功能。

英语的上述形式手段总是时时处处地表现在任何一个语段中，使之紧密连缀、妥帖相接。否则，就被视为“松散”。正因为形式手段具有对语段的强大的制约功能，为语段的形合式扩展提供了良好条件，因此使英语语段扩展具有以下完全不同于汉语的特色。

英语语段的基本特征是形式的约束力强，形式标定显而易见。由于具有形式手段的保证，英语语段中可广泛使用后置式，如“since we were ten miles out of”及“when the seamen said”“fearful of”等，使行文具有明显的层次感。这些反逆部分，在汉语中一般要顺过来，除非另起一句或加连接词。

（二）汉语的松散

从语言结构上说，汉语语段的形式上的连缀与组接显然是比较松散的，它的扩展一般取铺排式，即句子的简单聚集，不关注结构形式上的层次，可以称之为“单层面的扩展式”。单层面扩展的微观结构特征是动词形态的隐含化，甚至可以将整个动词省略，使句子和动词本身看不出时态及主从层级。

三、英汉语段差别与翻译

语段亦称句群或句子组合，是大于句子的语言片段，它是由两个或两个以上的句子构成的语义整体。构成语段的各个句子，结构上密切联系，意义上有向心性。它们以一定的语言手段（包括用逻辑承接词，词汇的重复与照应，语义连接等）组合起来。语段之间既相互关联，又相对独立。

以语段为结构单位，要求译者以原文语段为整体，在翻译思维过程中把它作为一个逻辑单元，确立原文语段与译文的对等关系，其中词、词组、句子的转换应服从于整个语段的等值转换。以语段为结构单位，但操作上仍不排斥以句为基本翻译单位，在结构和意义上要注意段内的逻辑联系、意义的向心性、词语的匹配以及结构的调整。从语段的结构成分来看，汉语与英语也有很大的差异。

四、语篇的翻译对策和方法

根据上述比较和分析，可以将汉英转换中的句子翻译问题，概括为以下两个方面的任务。

一是将汉语原句按英语句子及语段扩展形式组织，分切（断句）得体。比较复杂的分切涉及句法结构的改组、搭配的拆合及重新构建，等等。如下例。

那件案子使他付出的代价 / 是体重从 80 公斤下降到了 60 公斤，/ 看起来起码老了 10 岁，连讲话也没了底气。

译文：The stress of the case took its toll on him. His weight fell from 80kg to 60kg. He looked at least ten years older and his voice grew very weak.

我记得有一种花草，开过极细小的粉红花。/ 现在还开着，但是更纤细了，/ 她在冷的夜气中，瑟缩地做梦，梦见春的到来，梦见秋的到来，/ 梦见病的诗人将眼泪擦在她最末的花瓣上，告诉她秋虽然来，冬虽然来，而尔后接着还是春。/ 蝴蝶乱飞，蜜蜂都唱起春词来了。

译文：I know one of the plants that has minute pink flowers. /It is still in blossom，though the petals are growing more minute than ever./Shivering in the chill of the night air，it seems to dream of the coming and going of seasons. /It seems to have dreamed of a thin poet ting-ling its petals with his tears to tell it that after autumn and winter will come the spring. / Then， he tells it， butterflies will flit about it and the bees will hum spring songs.

二是断句情况主要是依据汉语长语段中的内在逻辑关系层次，如转折、并列、递进等，又如下例。

学年试验完毕之后，我便到东京玩了一夏天，/ 秋初再回学校，成绩已发表了。/ 同学一百余人之中，我在中间，不过是没有落第。（在发展和结语处分切。）

After the annual examination I spent the summer enjoying myself in Tokyo. / By early autumn， when I went back to the college， the results had long since been published. / I came half way down the list of more than a hundred students at least I had not failed.

第四节　英汉修辞对比与翻译技巧

一、修辞格

修辞格是修辞方式的重要组成部分。英语和汉语两种语言的修辞格都可以分为结构修辞格和意义修辞格两种，英语和汉语中的修辞格各有特点，在翻译时要对其灵活处理。

（一）比喻

英语中的比喻有两种，即“simile”（明喻）和“metaphor”（暗喻）。

1. 明喻

“simile”和汉语中的明喻的基本格式非常相似，其基本格式都是 A 像 B，句子中有明显的本体、喻体和比喻词。英语中常用的比喻词有“like”（像）、“seem”（看起来，好像）等。在夸张程度较大的比喻句中，英语常将“than”作为比喻词。此外，“simile”有一种特殊形式，即使用虚拟条件表达比喻的含义。这种形式不使用比喻词，但能够表达比喻的含义。

2. 暗喻

“metaphor”这种比喻中不使用喻词，一些时候甚至只有喻体。这种格式的变化形式非常多。这种句子中的主语也可能同时兼做其他句子成分。这种格式和汉语中的隐喻和借喻类似。

（二）拟人

英语中的拟人修辞格有两种，一种是“personification”，英语中的拟人修辞格和汉语中的拟人修辞格几乎完全一致，即将描写人使用的动词、形容词、名词或代词用于描写事物，使事物具有了人的特征。

（三）夸张

英语中的夸张修辞格和汉语中的夸张修辞格是一样的，都是为了表达说话者的强烈的情绪而使用的一种修辞方法。

二、英汉修辞的翻译原则及方法

（一）直译法

直译法是指在遵循目的语的语言规范、不产生歧义的前提下，在译文中将英语的修辞格和文化内涵保留下来的翻译方法。英语中的比喻对于以汉语为母语的读者来说可能比较陌生，但结合上下文语境其修辞格一般会有鲜明的民族性和独特的文化内涵，因此在翻译时可以使用直译的方法对其进行翻译。

（二）意译法

意译法是指在翻译过程中，由于英汉两种语言之间存在差异，需要放弃原文的字面含义，以实现译文的含义和原文的含义相一致的翻译方法。中华民族和使用英语的民族属于不同的民族，生活的地理环境、风土民情、文化传统和表达方式有各自的民族性。面对相同的事物，往往有不同的观点和看法。在翻译中如果都是用直译的方法对修辞格进行翻译，很可能会不能将原文的含义准确地表达出来，从而使读者对译文产生误会。因此，在翻译修辞格时可以根据原文的实际含义灵活地选择翻译方法。

1. 代换修辞格

在英汉两种语言的修辞格中，一些词汇的字面含义虽然不同，但是这些词的文化内涵是一致的，在翻译时可以使用替换的方法翻译这些词语。在文学类的题材中，往往会出现大量的修辞，但英汉两种语言都有其各自的文化背景，翻译时如果使用替换的方法可能会使译文不通顺，不利于读者的理解，这种情况可以灵活处理。

2. 转换比喻形象

翻译使用了修辞格的英语句子时，有些情况需要将比喻的对象替换为其他内容。这种句子通常是有深刻的比喻义的句子，但汉语读者由于社会文化和传统文化的问题不能理解句子中的比喻，这就需要使用汉语读者能够理解的比喻对这些句子进行翻译。

3. 增译引申法

在翻译英语中有修辞格的句子时，使用直译的方法不能将句子的含义完整地表达出来，会使译文的读者产生歧义，这就需要翻译出句子的修辞格引申含义。在翻译修辞格的引申含义时要注意译文的流畅程度，谨慎选择语言，尽量准确地表达出原文的内涵。

在翻译英语的修辞格时，在译文中增加其引申含义，能够更加准确地将原文的思想内涵表现出来。在英译汉中，增加引申含义是一个经常使用的方法。例如，在翻译“Life has its roses and thorns.”时可以为其增添比喻的引申意义，将其翻译为“生活中既有痛苦又有甜蜜”。这样的翻译能够使译文的读者更好地理解原文的含义，同时又富有美感。

总的来说，英语和汉语中的修辞格是在其文化传统和历史文化背景中产生并不断发展的。语言中的修辞格是语言文化的一部分，修辞格的特点和语言的特点既有相同点又有差异。因此，在翻译语言中的修辞格时，要充分了解其文化背景，从而使译文更加流畅、优美。

第八章　英汉文化负载词对比与翻译技巧

为进一步推动翻译学科的进步，探讨英语语言、文化及英语教学，并进一步增长知识、提高运用英语的能力，需要对比英汉文化中的负载词及其翻译技巧。本章主要分为英汉颜色词汇对比与翻译技巧、英汉动物词汇对比与翻译技巧以及英汉成语、谚语对比与翻译技巧三个部分。

第一节　英汉颜色词汇对比与翻译技巧

一、英汉颜色词文化对比

（一）black——黑色

1. 英语文化中的 black

在英国，黑色代表智慧、谋略和坚定，如英文句子“Harry knew black from white.”可以翻译为“哈利非常精明”。黑色在美术作品中有邪恶、谎言和谬误的含义；黑色在教堂装饰中有“耶稣受难日”的含义；黑色在葬礼中有悲哀和绝望的含义。在英格兰民族的传统文化中，黑色和白色一般是相对而言的，如短语“call black white”可以翻译为“颠倒黑白”。英语中的黑色还有一定的引申含义，即阴郁、愤怒和不合法，如“black market”可以翻译为“黑市”。此外，英语中的黑色还可以表示受雇用穿黑衣的殡葬人员，也可以表示“流氓”或者“恶棍”。

（1）褒义内涵

英语中黑色的褒义含义主要有以下几方面。

①英语中的黑色有庄重、尊贵的含义。西方国家的人，尤其是富商、官员、名人等上流社会阶级的人士喜欢穿黑色服饰，以此来表示身份的尊贵。因此，西方国家的人的正装多选择黑色。

②英语中黑色常用来表示盈利。西方人在记账时一般会选择黑色的字体填写盈利的数字，因此英语“in the black”可以翻译为“盈利”。

（2）贬义内涵

英语中黑色的贬义通常有以下几方面。

①英语中黑色有凶兆、灾难的含义。西方国家在举办葬礼时一般统一穿黑色衣服。

②英语中黑色有耻辱、犯罪的含义。例如，英语中的“black man”可以翻译为恶魔。

③英语中黑色有失去希望的含义。

2. 汉语文化中的“黑色”

在汉语中，黑色是所有颜色中最常见的一个颜色。黑色在中国传统文化中的文化内涵非常丰富，其在汉语中的含义褒贬共存。在我国古代，黑色有尊贵和庄重的含义，在夏代和秦代是统治阶级推崇的正色，当时官员的朝服的颜色为黑色。中国的黑色陶瓷、黑色漆器和水墨画有悠久的发展历史，在人们的日常生活中的作用非常重要。在中国传统文化中，黑色和白色一般是相对而言的，同时，黑色和红色也是相对的。黑色也是一种悲哀之色，参加葬礼的人在袖子上戴黑纱以示对死者去世的忧伤。

（1）褒义内涵

黑色的褒义含义一般有以下两个方面。

①在中国黑色有尊贵与庄重的含义。在古代，黑色有地位高贵和气势庄重的含义，黑色是古代官员朝服的颜色。在现代，黑色仍然是代表庄重和正式的一种颜色。

②在中国黑色有正直、公正的含义。在中国传统的戏剧表演中，刚正不阿的人物一般使用黑色作为主色调，如京剧中的包公的主色调就是黑色。

（2）贬义内涵

黑色的贬义含义一般有以下两个方面。

①人们通常会将黑色和黑夜联系在一起，因此黑色也有一定的贬义色彩。例如，人们在黑夜中会感到恐怖和无助，中国人对于黑猫或者乌鸦等黑色的动物也都会产生厌恶的感觉。

②在汉语中黑色还有反动、邪恶等含义。现代汉语中，“背黑锅”“黑社会”等词都有邪恶的含义。

（二）white——白色

1. 英语文化中的 white

在英语中，白色的含义有以下两个方面。

①在英语中白色代表纯洁、洁净。西方人的婚礼一般会将白色作为主色调，新娘在婚礼上一般会穿白色的礼服，新郎则会穿白色的西装，这是由于白色象征纯洁，代表新娘的贞操。而中国则是在葬礼上将白色作为主色调。随着时代的发展，中国人在举办婚礼时也会选择白色的婚纱。

②在英语中白色代表快乐、欢悦与吉利。例如，英语“a white Christmas”可以翻译成中文“愉快的圣诞节”。这是因为圣诞节是基督教国家的重要节日，西方人喜欢参加户外运动，圣诞节是滑雪的最佳时间，而雪的颜色正是白色。

2. 汉语文化中的“白色”

中国传统文化中的白色的内涵非常丰富，甚至会自相矛盾。

（1）褒义内涵

在汉语中，白色有圣洁、坦诚的含义，如“白玉无瑕”“洁白如玉”都是褒义词。在现代社会，中国人将白色作为女性和婴儿的肌肤的美丽标准，如在夸奖婴儿时常使用“白胖”一词。

（2）贬义内涵

汉语中白色的贬义内涵多表现在以下几方面。

①汉语中白色有诀别、厄运的含义。《史记·刺客列传》中描写荆轲刺秦王之前和燕太子诀别时，众人穿白色衣服在易水为荆轲送别。在现代社会，白色一般是葬礼的主色调。

②汉语中白色有落后、反动或投降的含义。如反动势力在镇压革命时被称为“白色恐怖”；反动势力占据的区域被称为“白区”；此外，在现代战争中，投降的一方要举白旗。

③汉语中白色有愚蠢、失败与无利可得的含义。例如，汉语中“白痴”是指智商在普通人之下的人。

④汉语中白色有奸邪、阴险的含义。例如，汉语中的“白眼狼”是指不知道感恩的人。传统戏剧中奸邪角色的脸谱都是以白色作为主色调的。

⑤汉语中白色有知识浅薄、没有功名的含义。例如，汉语中的“白丁”一词是指不识字的人。

（3）中性内涵

汉语中白色有中性内涵。例如，汉语中的“真相大白”是指找到了事情的真相；“大白于天下”是指将真相公开。

（三）red——红色

1. 英语文化中的 red

（1）褒义内涵

在英语中，红色有荣誉、喜庆的含义。西方国家的人们在对尊贵的客人表达敬意时通常会使用红色。例如，西方国家的政府在接待其他国家领导人时一般会使用红地毯，以表示对来宾的尊重；西方人在参加圣餐仪式时通常会选择红色的服装。此外，在英语中，红色还有坚韧的含义。

（2）贬义内涵

英语中红色的贬义一般以下几种。

①英语中红色有暴力、流血的含义。西方人认为红色是鲜血的颜色，鲜血是生命的液体，身体流出鲜血是生命消逝的开始。因此，西方文化中红色有暴力、流血的含义。例如，英语“a red battle”可以翻译为“血战”。

②英语中红色有危险、紧张的含义。例如，英语“red alert”可以翻译为防空警报。

③英语中红色有放荡、淫秽的含义。英语中的红色和“邪恶的美”“性”“诱惑”等引申含义的关系非常密切，因此，英语中的红色有放荡与淫秽的含义。如“paint the town red”可以翻译为“出没于游乐场所”。

④英语中红色有负债、亏损的含义，英语国家的人在记账时会使用红色的字体记录收入中的负数，因此红色在英语国家中有了负债的文化内涵，英语“in the red”可以翻译为“赔钱”。

2. 汉语文化中的“红色”

汉语中红色既有褒义也有贬义，总的来说褒义要多于贬义。在中国传统文化中，红色通常有热烈、欢快、喜庆、吉利、胜利、好运等美好的含义。在中国古代，达官显贵一般会使用红色作为大门的颜色，这是因为红色有富贵的文化内涵。红色还有兴旺的文化内涵，如汉语中的“开门红”“红光满面”等词语都是褒义词；在中国传统戏曲中，红色有忠义的含义，如京剧中作为忠义的代表角色的关羽的脸谱是红色的；红色还有革命和胜利的含义，如“红军”。此外，红色在汉语中还有灾难的含义，这是由于红与血同色。

（四）blue——蓝色

1. 英语文化中的 blue

在英语中，蓝色有高雅和忠诚的含义，如英语中出身贵族叫作“the blue blood”；在西方国家的艺术领域，蓝色有忠诚和信任的含义；在西方国家的葬礼中，蓝色有永恒的含义；蓝色也有和平的含义，联合国维和部队的旗帜就是蓝色；在英国，蓝色还象征着对美好前程的追求。在英语中，蓝色还有忧郁、忧伤的含义，表示情绪低落、心情郁闷等感情。例如，“to feel blue”可以翻译为“闷闷不乐”。

2. 汉语文化中的“蓝色”

在中国古代，低级官员和儒生都穿蓝衣。汉语中的蓝色还有轻松的含义，这是由于大海和天空能够给人轻松的感觉，而天空和大海都是蓝色的。但在汉语中，“蓝”字构成的词语非常少。在引申含义方面，蓝色有依据的含义，如“蓝本”。此外，蓝色还有构想的含义，如“蓝图”。

（五）yellow——黄色

1. 英语文化中的 yellow

在英语文化中，黄色代表忠诚、智慧、坚贞和光荣。在美国，黄色有期待、怀念和思慕远方亲人归来的意思。有一篇文章《回家》曾描写妻子在迎接服刑完毕回家的丈夫时将黄色的丝巾挂在树上；美国人在欢迎被伊朗扣留的人质回国时也是使用黄颜色的物品。不过，黄色在西方文化中也有反面的象征。西方绘画中出卖耶稣的犹大总是全身或半身着黄衣，这表示背叛。在英语中，如说“somebody is yellow”，意思是这个人是胆怯的。

英语中的短语“yellow journalism”的含义为使用各种手段吸引读者阅读的新闻写作风格，如在报道社会新闻时使用骇人听闻的标题和语言，甚至不顾事实。许多美国人家里都有一本厚厚的 Yellow Pages（电话查号簿，又称黄页），这是按不同的商店、企业、事业、机关分类的电话簿。这是一本很有用的书，全书用黄纸印刷，与汉语中的“黄色书”（filthy books）意思完全不同。除此之外，英语中的黄色还有就事论事的含义。英语国家还有将公用电话簿印刷为黄色的传统。

2. 汉语文化中的“黄色”

汉语传统文化中的黄色和英语中的黄色的文化内涵完全不同，具体表现在以下几个方面。

（1）尊贵、皇权

在封建社会中，黄色的地位非常崇高，这一源头要追溯到中华民族的起源。中华民族发源于黄河流域，这地区的土地为黄土，中华民族的始祖是黄帝。此后的封建统治者将黄色作为自己的专属颜色，平民百姓不许使用黄色。

（2）神灵

中国的本土宗教——道教认为，道家学说是中华民族的始祖黄帝和老子共同发明的，因此其理论被称为黄老之术。道家将黄色作为道袍的颜色，并使用黄色的纸祛除鬼魅，认为黄色表示神灵。

（3）稚嫩

在汉语中，黄色还有稚嫩的含义。这是因为人类在婴儿时期的头发多为黄色，因此用黄色表示稚嫩。在之后的发展过程中，黄色发展出了不了解世事的含义，如汉语中的“黄口小儿”用来形容年轻人。

（六）green——绿色

1. 英语文化中的 green

①在英语文化中，绿色有稚嫩、经验不足的含义，如英语“green hand”是新手的意思。

②英语中绿色有新鲜的含义，如在形容新伤口时一般使用“green”。

③英语中绿色有嫉妒的含义，如“green with envy”有“眼红”的含义。

④英语中绿色有货币的含义，这是由于美国的钞票的主要色调是绿色，因此绿色常用来指代货币。

⑤英语中的绿色有象征青春的文化内涵。

此外，绿色还有环境保护的文化内涵。

2. 汉语文化中的“绿色”

绿色是一种醒目的颜色，在汉语中，绿色的文化内涵非常丰富。汉语中绿色的褒义含义一般是表示新生命和新希望的含义，这种用法多见于中国传统古诗词中。汉语中绿色也有贬义，如形容妻子出轨。在现代社会中，汉语中的绿色还有了不使用农药的含义，如“绿色蔬菜”。绿色也有方面快捷的含义，如“绿色通道”。

（七）purple——紫色

1. 英语中的 purple

英语中的紫色有以下几种含义。

①英语文化中的紫色有高贵和权力的文化内涵。这是由于西方文化发源于古希腊文明。在古希腊时期，君主和高级官员将紫色作为其正服的主色调，这一传统被英语国家保留了下来。

②在英语的文学作品中，紫色有文章语言华丽的含义。

③紫色有生气、愠怒的含义。

2. 汉语中的紫色

在汉语文化中，紫色有高贵、吉祥的文化含义，如汉语中表示吉祥的词语“紫气东来”，古代皇帝的住所叫作“紫禁城”。但汉语中紫色也有贬义的含义，如汉语中的成语“恶紫夺朱”。

（八）grey——灰色

英语和汉语中的灰色的文化内涵相似，英语和汉语中的灰色都有前景黯淡的含义。英语中的灰色还有成熟、稳重的文化内涵。汉语中的灰色有消极的含义，如“灰头土脸”。

二、英汉颜色词文化翻译

（一）直译

虽然英汉两种语言中的同一种颜色可能会具有不同的文化内涵，但是在翻译过程中为了保留原文的文化特色，一般使用直译法进行翻译，如英语中的“black list”可以翻译为“黑名单”。

（二）意译

英汉互译中的颜色词在不能使用直译的方法翻译时，可以使用意译的方法。例如，在翻译过程中可以对原文进行调整，从而使译文更符合目的语的表达习惯，如英语中“grease pump”可以使用意译的方法将其翻译为“黄油油泵”。

（三）直译加注释

在英汉互译过程中，使用直译的方法翻译颜色词时不能将其含义清晰、完整地表达出来，这就需要在译文中为翻译增添注释。

（四）增译

在英汉互译的过程中，原文中可能并没有出现表示颜色的词语，但在翻译时可以根据译文的表达情况和原文的含义为其增加颜色词，例如，可以将英文“infrared ray”翻译为“红外线”。

（五）减译

在英汉互译中，英语中的一些颜色词不能直接翻译到汉语中来，也不能使用其他的颜色词对其进行替换。在这种情况下，可以将这些颜色词去除后，再对其进行意译，从而使译文的含义更加准确。例如，可以将英语中的“evil mind”翻译为“黑心肠”。

第二节　英汉动物词汇对比与翻译技巧

一、英汉动物文化对比

（一）相同动物词汇表示相似的文化内涵

虽然东方文化和西方文化之间的差距非常大，但是东方文化和西方文化之间也有一定的相同点。对于动物词汇的文化内涵来说，有些动物词汇的文化内涵是相同的。

1. pig——猪

中国传统文化中的猪有懒、笨的文化内涵，因为猪这种动物的习性就是贪吃、贪睡。在这种文化内涵下，引申出来的含义也都是贬义的，如“猪狗不如”“猪朋狗友”等词都是贬义词。在中国传统文化中，猪也有美好的文化内涵，如“金猪”的说法，存钱罐也一般都是使用猪的形象。在西方文化中，猪的文化内涵是贪婪和肮脏，因此，英语中和猪有关的说法通常是贬义的。例如，英语中的“pig it”的含义是在肮脏的环境中生活。

2. snake——蛇

（1）蛇在汉语文化中的内涵

在中国传统文化中，蛇的文化内涵非常丰富。中华民族的图腾是龙，而蛇是龙的原始形象，因此蛇的文化内涵有积极的一面。在中国神话故事《白蛇传》中，蛇的文化内涵是有爱心、勇敢追求人间感情的一种动物。但与此同时，中国传统文化中人们往往将蛇和恶毒等含义联系起来，如汉语中的“蛇蝎心肠”。

此外，汉语中的蛇还有让人捉摸不透的含义，因此在汉语中蛇也表示多种性情。

（2）蛇在英语文化中的内涵

在西方文化中，蛇听从了撒旦的教唆，诱惑夏娃吃下智慧果，因此，英语中的有邪恶的含义。此外，英语中的蛇还代表阴险的人或不忠诚的人。由此可见，英语中的蛇和汉语中的含义相似。

3. fox——狐狸

汉语中的狐狸有阴险狡诈、多疑的文化内涵，一般用于贬义词中，如“狐假虎威”。而英语中的狐狸也有狡猾的文化内涵，如英语中“as sly as a fox”可以翻译为“像狐狸一样狡猾”。

4. peacock——孔雀

孔雀由于其外表美丽，在开屏时非常漂亮，因此在英语和汉语中孔雀的文化内涵都是骄傲、爱慕虚荣。但是，在汉语中，孔雀还有吉祥的文化内涵。

5. ass——驴

汉语中的驴有愚蠢的文化内涵，如汉语中形容人笨，有“笨得像驴一样”的说法。在英语中，驴也同样有愚蠢的文化内涵，如英语中的“an ass”可以翻译为汉语中的“愚蠢的人”。

（二）相同动物词汇表示不同的文化内涵

由于不同民族有不同的生活环境、不同的发展历史和不同的文化传统，所以相同的动物在不同民族中具有不同的文化内涵。

1. dragon——龙

（1）龙在汉语文化中的内涵

早在远古时期，中国就有了龙的早期形象——人面蛇身，后来这些形象发展成了龙，并逐渐演化成了龙图腾。传说中的龙神通广大，能够呼风唤雨。由于龙的这些特点，后来成了帝王的象征。因此，在汉语中，龙有权威、力量、吉祥等美好含义。现如今，龙已经成为中华民族的象征。

（2）龙在英语文化中的内涵

英语中的龙是一种长着爪、翅膀，能够喷火的怪物，通常和邪恶的事物有关。英语中有很多屠龙者的故事，多以龙被杀为结局。在英语中，龙的文化内涵是邪恶、凶残。

2. dog——狗

中国人和西方人都有养狗的生活习惯，但在这两种文化中，狗的文化内涵有非常大的区别。

（1）狗在汉语文化中的内涵

中国养狗的历史非常悠久，但中国人对于狗的情感和态度并不十分亲近。在汉语中，狗的地位非常低。汉语中与狗有关的词语一般是贬义词。例如，“猪狗不如”“狗急跳墙”等。

（2）狗在英语文化中的内涵

在西方国家，狗被视为宠物。对于英国人来说，狗可以帮助人们打猎和看门，他们往往将狗视为宠物或伴侣。西方国家一般将狗视为人类的保护者和人类的朋友。因此，在英语文化中，狗的文化内涵是积极正面的。英语中与狗有关的词语一般是褒义词。此外，英语中的狗还有中性和贬义的含义。在英汉互译的过程中，需要结合原文的含义对其进行翻译。

3. cock——鸡

（1）鸡在汉语文化中的内涵

①在汉语中，鸡一般有积极向上的文化内涵。鸡有报晓的生物规律，因此在汉语中，鸡有勤奋、努力向上的文化内涵。例如，汉语中的成语“闻鸡起舞”常常用来形容人的勤奋好学。

②鸡在汉语文化中还有改天换地的含义，如中国传统实词中的“雄鸡一唱天下白”。

③中国传统文化中，鸡还有勇敢的文化内涵。由于鸡在晨间打鸣，古人认为晨鸡报晓是光明的开始，因此，传统文化认为鸡可以祛除鬼魅，一些传统国画中将鸡作为镇邪之物。中国民间自古以来就有斗鸡的传统，在封建时期，军队中使用斗鸡活动来鼓舞士气，因此，鸡也就成了勇武的象征。

此外，由于汉语中的“鸡”和“吉”是谐音字，因此鸡在汉语文化中有吉祥的文化含义。例如，我国电影领域中有“金鸡奖”这一荣誉。在一些地区的民间仪式上，有使用公鸡祭祀的习俗。

（2）鸡在英语文化中的内涵

在英语文化中，鸡有多重文化含义，主要包括：①英语中的鸡有争强好胜、自大自满的文化内涵，这种文化内涵主要来自公鸡的天性。英语文化中经常使用“cock”一词形容争强好胜的人。例如，“I’ve never heard such cock in my life.”可以翻译为“我从来没有见到过这么自大的言论”。②在英语文化中，鸡有欢迎来宾的文化内涵。例如，英国的小酒馆通常有“cock and pie”的标识。③在英语文化中，鸡有其特殊的宗教内涵。

4. cat——猫

（1）猫在汉语文化中的内涵

汉语文化中的猫一般都是积极含义。由于猫的天性是主动捕食老鼠，而老鼠以偷窃人类储存的粮食为主要食物来源，因此，猫被视为保卫人类粮食的得力助手。汉语中的猫也就具有了可爱的文化含义。例如，汉语中的“馋猫”一词虽然是形容人嘴馋，但是有可爱的含义。中国传统社会的主要生产方式是农业生产，而猫是一种城市化动物，传统社会中城市化时期不长，因此，关于猫的词语在汉语中并不多见。

（2）猫在英语文化中的内涵

英语文化中关于猫的说法非常多见，这主要是因为西方国家的城市化水平比较高，而猫是城市化动物，和人的生活关系密切。英语文化中的猫一般是褒义含义，有摆脱艰难处境的含义。但英语中的黑猫则是例外，英语文化认为黑猫是魔鬼的化身，而且女巫通常和黑猫有直接联系。一些英语国家甚至认为黑猫在面前跑过是不好的征兆。

5. rat——鼠

（1）鼠在汉语文化中的内涵

在汉语中，老鼠的文化内涵多为贬义。老鼠的外貌丑陋，不受人喜爱。中国传统社会的生产方式是农业生产，而老鼠偷窃人的粮食，还会咬啮人类的房屋设施，因此，老鼠在汉语中都是贬义的象征。例如，《诗经》中将贪官污吏比喻为大老鼠。

（2）鼠在英语文化中的内涵

①英语文化中的老鼠的文化内涵一般也都是贬义的，英语中使用老鼠形容自私自利的人。②英语中的老鼠还有中性含义，如英语中使用老鼠形容安静、害羞的人。③在英语国家的影视作品中，老鼠通常作为可爱、智慧的形象出现，如迪士尼出品的米老鼠以其可爱的形象风靡全球。

6. bat——蝙蝠

（1）蝙蝠在汉语文化中的内涵

在汉语中，由于“蝠”与“福”同音，所以蝙蝠有吉祥、幸福的文化内涵。在汉语中，蝙蝠常用来作为装饰图案应用于建筑、服装中。

（2）蝙蝠在英语文化中的内涵

在英语文化中，蝙蝠的文化内涵是邪恶。这是由于蝙蝠生活在阴暗的环境中，而且有一种蝙蝠会吸食血液，西方人将其与吸血鬼联系在一起，所以，英语中的蝙蝠多为贬义。

7. hare——兔子

（1）兔子在汉语文化中的内涵

兔子在汉语中的文化内涵非常丰富。由于兔子这种动物本身可爱、好动、胆小，汉语将其与月亮联系起来，象征美好。但中国传统文化又认为兔子十分狡诈，因此有“狡兔三窟”一说。

（2）兔子在英语文化中的内涵

英语中的兔子的文化内涵都是贬义的，英语中常用兔子形容不靠谱、耍滑头的人，但英语用也用兔子指代网球运动员。

（三）不同动物词汇表示相同的文化内涵

1. tiger，lion——老虎、狮子

在汉语中，老虎的文化含义是勇敢、坚决、威猛，还有保佑平安和驱邪的文化内涵。在中国的神话传说中，老虎是神仙的坐骑。因此，汉语中老虎是英勇的士兵的象征。但是，汉语中的老虎还有凶残的文化内涵。在西方文化中，狮子是万兽之王。在英语中，狮子的文化内涵是勇敢、威武。狮子是英国的国家象征。在英语和汉语中，狮子和老虎的文化内涵是相似的。在英汉互译中，翻译狮子和老虎时要灵活处理。

2. bull——牛

农业是中国古代社会中的主要生产方式，牛为农业生产提供了重要的生产方式，牛也因此受到人的偏爱。在中国，牛象征着勤劳、任劳任怨。在西方国家，牛主要用于祭祀活动。在西方文化中，牛同样有任劳任怨的文化内涵。

二、英汉动物文化翻译

（一）直译：保留形象

当英语和汉语中的动物词汇表达的形式和文化内涵一致时，换句话说，英语和汉语中使用的动物词汇代表的文化含义在意义形象、风格方面有相同点时，就可以使用直译的方法对其进行翻译，如英语“as faithful as a dog”可以翻译为汉语“忠诚得像狗一样”。

（二）意译：舍弃形象

当在翻译时不能将动物形象保留下来，并且不能在翻译时对动物形象做出改变时，可以使用意译的方法对其进行翻译，如英语“big fish”可以翻译为汉语“大亨”。

（三）套译：改换形象

在英汉互译中，如果原文中有动物词汇，可以使用目的语中和原文中象征意义相同的动物词汇对其进行翻译，这种翻译方法会改变原文中的动物形象，因此叫作套译。

第三节　英汉成语、谚语对比与翻译技巧

一、英语成语汉译

英语中的成语有形象生动的特点。成语在英语中有重要地位。在英语的书面语和口头语中，英语成语的表达作用都非常重要。随着语言的发展，英语中成语的数量和质量都在不断提高。在英汉互译的过程中，对成语的翻译需要一定的技巧。

英语中的成语可以根据其特点分为两类，一类是没有深刻的含义和典故的成语，这类成语的形式一般是固定搭配。这类成语可以根据字面的含义进行翻译。英语中另外一类成语具有鲜明的比喻含义，这一类型的成语中通常包括历史故事或神话故事。这种类型的成语的使用范围比较广泛，在使用的过程中文化含义会发生变化，因此翻译时需要注意。有些成语由于其使用时间非常长，一些中国读者可能了解其含义。因此，在翻译这种类型的成语时可以使用直接翻译其字面含义的方式，让读者自行体会其比喻意义。但有些英语成语由于具有特殊的文化含义，中国的读者不能通过译文理解其比喻意义。针对这种成语，翻译时可以舍弃字面含义，直接翻译其比喻意义，便于译文读者的理解。例如，“make a wild goose chase”可以翻译为“缘木求鱼”，“catch at shadows”可以翻译为“捕风捉影”。

翻译英语成语时很重要的一点是：切莫望文生义。英语成语的翻译并不容易，在翻译时既要真正理解成语的含义，又要使其表达符合规范。

二、翻译中汉语四字格的使用

现阶段英语作品和汉语作品的翻译都呈现出四字格的使用越来越多的趋势。四字格可以分为两种，一种是四字的汉语成语，另一种是普通的四字词语。综合来看，四字格有语音方面的优点。

在语音方面，四字格读起来朗朗上口，听起来悦耳动听。汉语中的成语一般都是四字格。有一些成语起初并不是四字格的格式，但在发展过程中逐渐转变为了四字格的格式。在翻译中使用四字格能够为译文增添文采，使文章产生抑扬顿挫的美感，为译文的语音增添美感。

三、翻译中英语成语的使用

在将汉语翻译成英语的过程中，无论翻译什么文章，都会使用到和源语相符合的英语成语。在译文中得当地使用英语成语能够为译文增添文采，使读者感受到译文的美感。由于其特殊的文化内涵，很多成语能够表达出相同的含义，但在应用领域方面存在差异。例如，政论问题和科技类问题中一般使用比较正规的英语成语；在文艺类型的文章中多使用形象生动的英语成语；在口语类的文章中多使用简单的英语成语。

四、口语体翻译

口语体一般指人们日常交谈的语言以及舞台戏剧中的对白。口语体也应该包括小说中人物对话的语言，在翻译时要注意其随意性的特点。文体翻译在很大程度上取决于所使用成语的语域。我们必须掌握英语成语的语域，例如所使用的成语是正规的（formal）还是非正规的（informal），是口语的（colloquial）还是俚语的（slang）。不能用俚语来翻译正规的原文，也不宜用正规的成语来翻译非常随便的口语体。

五、谚语翻译

谚语是在人们的日常生活中广泛使用的对生活现象进行高度概括的语言。谚语通常是在人们的生产和生活实践中总结出来的。英语中的谚语和汉语中的谚语有相同的特点，即形象生动、有深刻的寓意、语言简洁凝练、有韵律、追求对仗的形式和口语化。

在翻译谚语时是采用直译的翻译方式还是采用意译的翻译方式，需要根据原文的文化内涵和语言特点进行选择。英语和汉语中的很多谚语都使用了形象生动的比喻的修辞手法，如果使用直译的方法对谚语进行翻译能够不影响译文读者的理解，则可以只用直译的翻译方式。使用直译的翻译方式能够使译文具有和原文相同的内容、形式和文化内涵，能够有效避免原文的精华在翻译过程中的流失。

由于谚语一般使用比喻的修辞手法，因此往往具有深刻的文化内涵，在翻译的过程中，使用意译的翻译方法则不能使译文的读者感受到原文中谚语的精彩之处，使译文不具有原文的生命力。

但是英语和汉语中有些谚语由于其特殊的文化内涵和语言结构，导致在翻译过程中不能使用直译的翻译方法对其进行翻译。这种类型的谚语通常有强烈的比喻意义，或者是完全不具有比喻意义。对于这种类型的谚语，如果在翻译中保留其形式，使用直译的方式对其进行翻译，则会使译文的读者产生误解，因此，需要使用意译的翻译方式对其进行翻译。

翻译谚语时需要注意三点：

①不能使用有鲜明的目的语语言风格的语言套译原文中的谚语，如在英译汉中，不能使用汉语中特有的词汇来套译英语中的谚语；在汉译英中，不能使用英语中的特有名词套译汉语中的谚语。

②翻译谚语时要灵活处理语言变化。谚语比成语更容易理解，其形式和口语非常接近，在翻译时要体现出谚语的这种特点。

③翻译谚语时要体现出艺术性。翻译谚语时要使用简洁凝练的语言，尽量保持格式对仗工整。

参考文献

[1]梅明玉．英汉语言对比分析与翻译 [M]．杭州：浙江大学出版社，2017.

[2]张润晗，王素娥，霍盛亚．英汉语言对比与互译 [M]．北京：清华大学出版社，2018.

[3]张林影，娄琦．新编英汉笔译教程 [M]．北京：清华大学出版社，2016.

[4]邓炎昌，刘润清．语言与文化——英汉语言文化对比 [M]．北京：外语教学与研究出版社，2018.

[5]张亚丽．基于语言分析的实用英语文体翻译研究 [M]．长春：吉林大学出版社，2016.

[6]程珊珊．现代英语翻译理论与实践研究 [M]．成都：四川大学出版社，2018.

[7]杨新亮，熊艳．英汉学术语篇比较与翻译 [M]．上海：上海交通大学出版社，2015.

[8]李晓红．双语语料库界面下英汉语义韵对比研究 [M]．上海：上海交通大学出版社， 2015.

[9]项亚男．英汉语言文化翻译对比研究 [J]．黑河学院学报，2017，8（07）：165-166.

[10]张琴．英汉成语对比与翻译 [J]．智库时代，2019（18）：194-195.

[11]周园．英汉辞格对比与翻译 [J]．文学教育（上），2019（08）：176-177.

[12]王秋晓．英汉词汇语义对比与翻译 [J]．文学教育（下），2019（10）：17-19.